## REGENTROPFEN (4x)

In Wolke einen Magic-Ring anfertigen. Weiter in Spiralrd fM häkeln.

**1. Rd:** 6 fM in den Ring häkeln (= 6 M).

**2. Rd:** Jede 2. M verdoppeln (= 9 M).

**3. Rd:** 9 fM häkeln.

**4. Rd:** Jede 2. und 3. M zusammen abmaschen (= 6 M).

**5. Rd:** 6 fM häkeln.

Regentropfen mit Füllwatte ausstopfen.

**6. Rd:** Immer 2 fM zusammen abmaschen (= 3 M).

1 Km in die 1. M der letzten Rd häkeln, Faden ca. 25 cm lang abschneiden, mit der Wollnadel durch alle 3 vorderen M-Glieder fädeln, zusammenziehen und vernähen, dabei ein ca. 20 cm langes Stück Faden stehen lassen.

3 weitere Regentropfen ebenso häkeln.

## BÄCKCHEN (2x)

In Pink einen Magic-Ring anfertigen. 5 fM in den Ring häkeln. Mit 1 Km in die 1. M der Rd schließen. Faden ca. 25 cm lang abschneiden.

Das 2. Bäckchen ebenso häkeln.

## FERTIGSTELLEN

Die Regentropfen in unterschiedlicher Länge an der Unterseite der Wolke festnähen (2 cm, 1 cm, 4 cm, 2 cm). Mit einem geteilten Stück Faden in Schwarz die Augen aufsticken. Die Bäckchen an der Wolke festnähen.

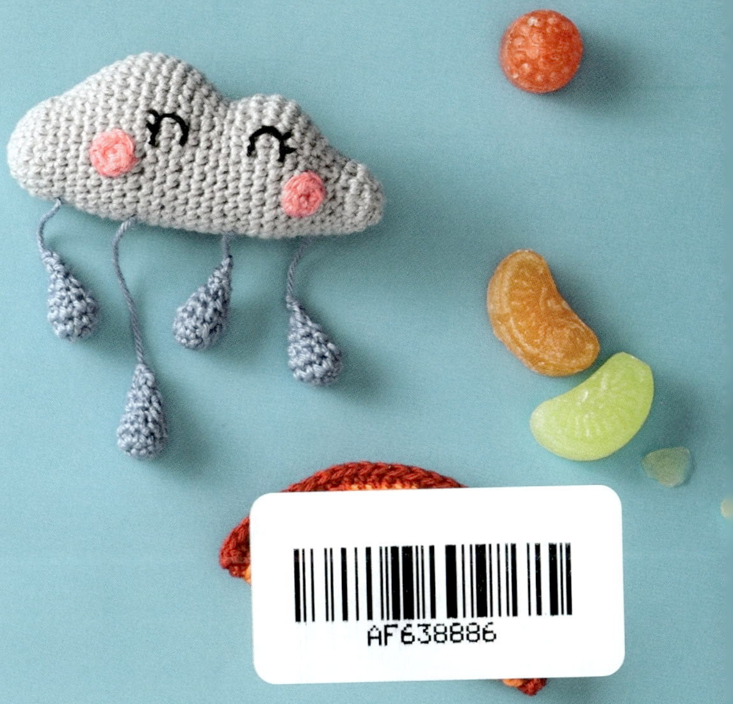



# Regenbogen

In Violett einen Magic-Ring anfertigen. Weiter in Spiralrd fM häkeln.

**1. Rd:** 6 fM in den Ring häkeln (= 6 M).

**2. Rd:** Jede fM verdoppeln (= 12 M).

**3. Rd (Wolke):** Jede 2. fM verdoppeln, dabei nur in die hinteren M-Glieder häkeln (= 18 M).

**4. Rd:** * 1 fM, 1 fM verdoppeln, 1 fM, ab * noch 5x wdh (= 24 M).

**5. Rd (Greenery):** Jede 4. M verdoppeln, dabei nur in die hinteren M-Glieder häkeln (= 30 M).

**6. Rd:** * 2 fM, 1 fM verdoppeln, 2 fM, ab * noch 5x wdh (= 36 M).

**7. Rd (Sonne):** Jede 6. M verdoppeln, dabei nur in die hinteren M-Glieder häkeln (= 42 M).

**8. Rd:** * 3 fM, 1 fM verdoppeln, 3 fM, ab * noch 5x wdh (= 48 M).

**9. Rd (Orange):** Jede 8. M verdoppeln, dabei nur in die hinteren M-Glieder häkeln (= 54 M).

**10. Rd:** * 4 fM, 1 fM verdoppeln, 4 fM *, ab * noch 5x wdh (= 60 M).

**11. Rd (Signalrot):** Jede 10. M verdoppeln, dabei nur in die hinteren M-Glieder häkeln (= 66 M).

## FERTIGSTELLEN

Den Kreis in der Mitte falten und den Rand beginnend mit 1 Steige-Lm mit 33 fM durch alle 4 M-Glieder zusammenhäkeln. Eine kleine Öffnung lassen, Regenbogen mit ein bisschen Füllwatte ausstopfen und Öffnung schließen. Faden abschneiden und vernähen.

# Sanftes Schneeglöckchen

**SCHWIERIGKEIT 2**

**GRÖSSE**
ca. 12 cm

**MATERIAL**

- Schachenmayr Catania (LL 125 m/50 g) in Marone (Fb 157), Camel (Fb 179), Ivory (Fb 436), Weiß (Fb 106), Moos (Fb 412) und Gelbgrün (Fb 392), je 50 g oder Rest
- Häkelnadel 2,0 mm
- Füllwatte
- Wollnadel
- Chenilledraht (in der Mitte gebogen, gedreht), ca. 14 cm lang

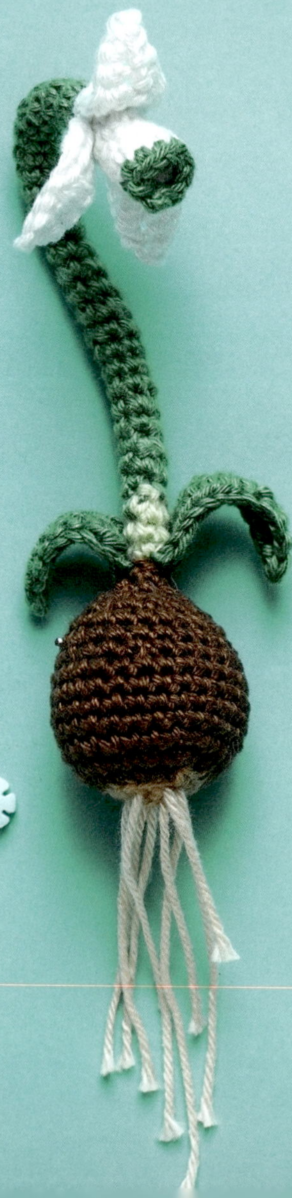

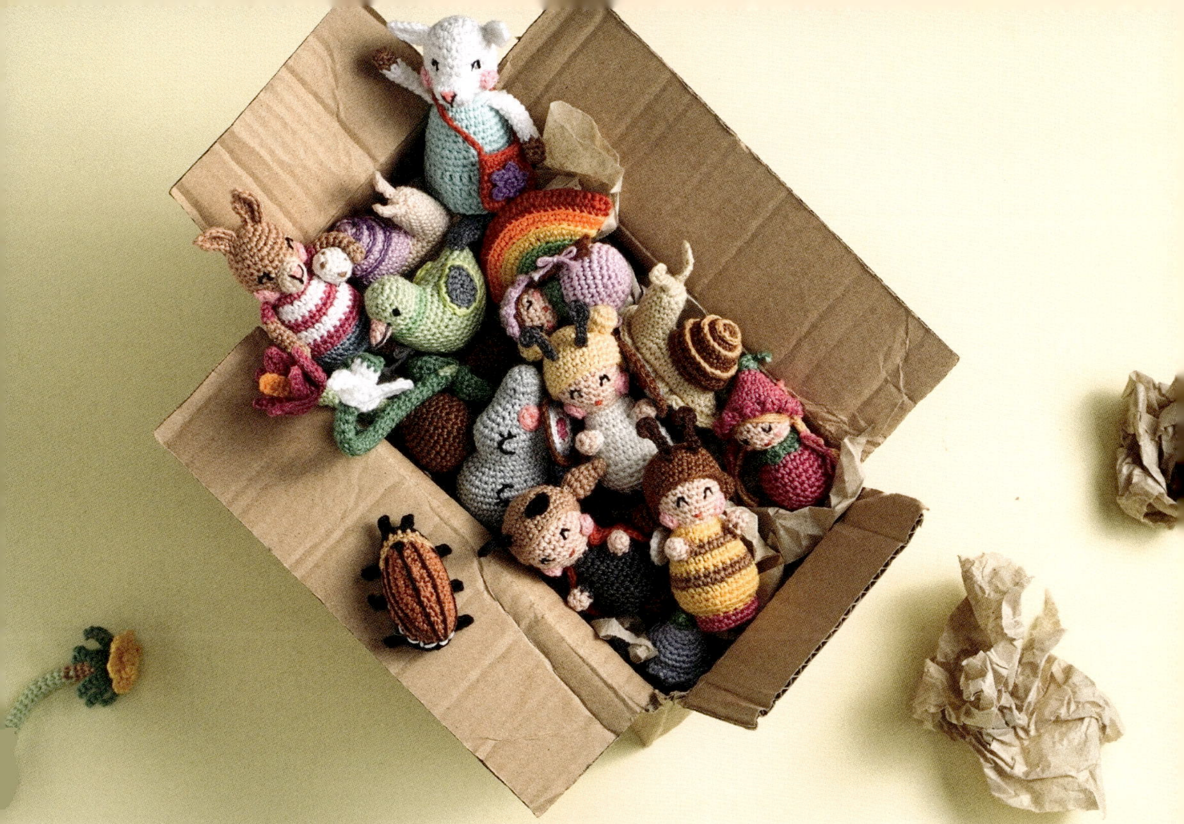

Was gibt es Schöneres, als mit kleinen, süßen Häkelminis den Frühling zu genießen? Schnell gehäkelt sind sie die idealen Wartezeitverkürzer auf die ersten Sonnenstrahlen. Ob als kleine Geschenke oder niedliche Deko, sie lassen das Herz höherschlagen und begeistern mit wenig Material und einfachen Grundmaschen. Ob auf der Fensterbank, dem Kaffeetisch, mit angebrachter Broschennadel an der Jacke, als kleine Magnete am Kühlschrank oder mit einem kleinen Faden am Frühlingsstrauß. Die Einsatzmöglichkeiten sind so vielfältig, wie Ihre Ideen.

Doerthe Eisterlehner

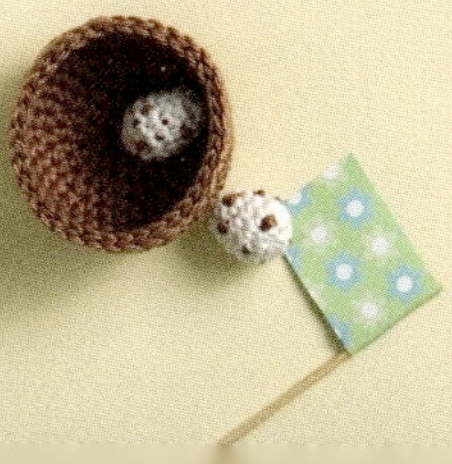

# Buntes Frühlingswetter

### SCHWIERIGKEIT 1

### GRÖSSE

Wolke: ca. 9 cm

Regenbogen: ca. 8 cm

### MATERIAL

- Häkelnadel 2,0 mm
- Füllwatte
- Wollnadel

### WOLKE

- Schachenmayr Catania (LL 125 m/50 g) in Nebel (Fb 434), Wolke (Fb 247), Pink (Fb 225) und Schwarz (Fb 110), je 50 g oder Rest

### REGENBOGEN

- Schachenmayr Catania (LL 125 m/50 g) in Signalrot (Fb 115), Sonne (Fb 208), Orange (Fb 281), Greenery (Fb 481), Violett (Fb 113) und Wolke (Fb 247), je 50 g oder Rest

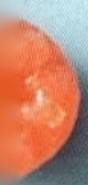

## Wolke

In Nebel einen Magic-Ring anfertigen. Weiter in Spiralrd fM häkeln.

**1. Rd:** 6 fM in den Ring häkeln (= 6 M).

**2. Rd:** Jede fM verdoppeln (= 12 M).

**3. Rd:** Jede 2. fM verdoppeln (= 18 M).

**4.-6. Rd:** Jeweils 18 fM häkeln.

**7. Rd:** 2x 1 fM verdoppeln, 16 fM (= 20 M).

**8. Rd:** * 1 fM, 1 fM verdoppeln, ab * noch 1x wdh, 16 fM (= 22 M).

**9. Rd:** * 2 fM, 1 fM verdoppeln, ab * noch 1x wdh, 16 fM (= 24 M).

**10. Rd:** * 3 fM, 1 fM verdoppeln, ab * noch 1x wdh, 16 fM (= 26 M).

**11. Rd:** * 4 fM, 1 fM verdoppeln, ab * noch 1x wdh, 16 fM (= 28 M).

**12. Rd:** * 5 fM, 1 fM verdoppeln, ab * noch 1x wdh, 16 fM (= 30 M).

**13.-16. Rd:** Jeweils 30 fM häkeln.

**17. Rd:** * 5 fM, 2 fM zusammen abmaschen, ab * noch 1x wdh, 16 fM (= 28 M).

**18. Rd:** * 4 fM, 2 fM zusammen abmaschen, ab * noch 1x wdh, 16 fM (= 26 M).

**19. Rd:** * 3 fM, 2 fM zusammen abmaschen, ab * noch 1x wdh, 16 fM (= 24 M).

**20. Rd:** * 2 fM, 2 fM zusammen abmaschen, ab * noch 1x wdh, 16 fM (= 22 M).

**21. Rd:** 22 fM häkeln.

Die Wolke fortlaufend mit Füllwatte ausstopfen.

**22. Rd:** * 2 fM, 1 fM verdoppeln, ab * noch 1x wdh, 16 fM (= 24 M).

**23. Rd:** * 3 fM, 1 fM verdoppeln, ab * noch 1x wdh, 16 fM (= 26 M).

**24.+25. Rd:** Jeweils 26 fM häkeln.

**26. Rd:** * 3 fM, 2 fM zusammen abmaschen, ab * noch 1x wdh, 16 fM (= 24 M).

**27. Rd:** * 2 fM, 2 fM zusammen abmaschen, ab * noch 1x wdh, 16 fM (= 22 M).

**28. Rd:** * 1 fM, 2 fM zusammen abmaschen, ab * noch 1x wdh, 16 fM (= 20 M).

**29. Rd:** 2x 2 fM zusammen abmaschen, 16 fM (= 18 M).

**30. Rd:** 2x 2 fM zusammen abmaschen, 14 fM (= 16 M).

**31. Rd:** Jede 7. und 8. fM zusammen abmaschen (= 14 M).

**32. Rd:** Jede 6. und 7. fM zusammen abmaschen (= 12 M).

**33. Rd:** Immer 2 fM zusammen abmaschen (= 6 M).

1 Km in die 1. M der letzten Rd häkeln. Faden ca. 25 cm lang abschneiden, mit der Wollnadel durch alle 6 vorderen M-Glieder fädeln, zusammenziehen und vernähen.

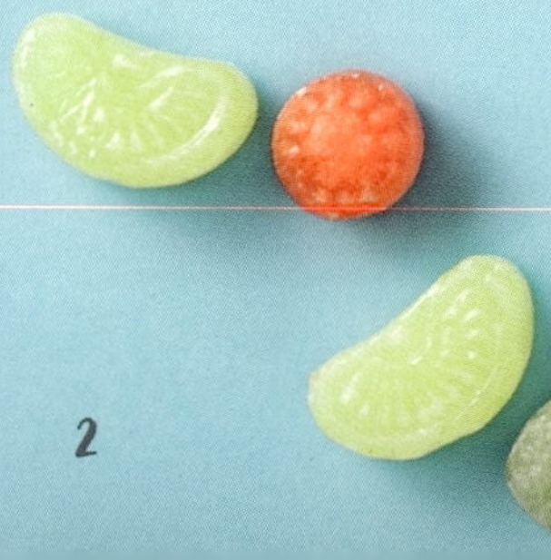

## BLUMENZWIEBEL, STENGEL UND BLÜTE

In Camel einen Magic-Ring anfertigen. Weiter in Spiralrd fM häkeln.

**1. Rd:** 6 fM in den Ring häkeln (= 6 M).
**2. Rd:** Jede fM verdoppeln (= 12 M).
**3. Rd (Marone):** Jede 2. fM verdoppeln, dabei nur in die hinteren M-Glieder häkeln (= 18 M).
**4. Rd:** Jede 3. fM verdoppeln (= 24 M).
**5.-9. Rd:** Jeweils 24 fM häkeln.
**10. Rd:** Jede 3. und 4. fM zusammen abmaschen (= 18 M).
**11.+12. Rd:** Jeweils 18 fM häkeln.
**13. Rd:** Jede 2. und 3. fM zusammen abmaschen (= 12 M).
**14. Rd:** 12 fM häkeln.
Die Figur fortlaufend mit Füllwatte ausstopfen.
**15. Rd:** Immer 2 fM zusammen abmaschen (= 6 M).
**16. Rd:** 6 fM häkeln.
**17. Rd (Gelbgrün):** 6 fM häkeln.
**18.+19. Rd:** Jeweils 6 fM häkeln.
**20. Rd (Moos):** 6 fM häkeln.
**21.-49. Rd:** Jeweils 6 fM häkeln.
**50. Rd (Weiß):** Jede 3. fM verdoppeln (= 8 M).
Den Chenilledraht in den Stengel schieben.
**51.+52. Rd:** Jeweils 8 fM häkeln.
**53. Rd:** Jede 4. fM verdoppeln (= 10 M).
**54.+55. Rd:** Jeweils 10 fM häkeln.
**56. Rd (Moos):** 10 fM häkeln.
1 Km in die 1. M der letzten Rd häkeln. Faden abschneiden und vernähen.

## BLÜTENBLATT (3x)

In Weiß 8 Lm anschl, ab der 3. Lm von der Nd aus 3 hStb, 2 fM, [1 Km, 2 Lm, 1 Km] in 1 Lm, die Rückseite der Lm-Kette behäkeln: 2 fM, 3 hStb. Faden ca. 25 cm lang abschneiden. 2 weitere Blütenblätter ebenso häkeln.

## LANGES BLATT

In Moos 12 Lm anschl, ab der 3. Lm von der Nd aus 4 hStb, 5 fM, [1 Km, 2 Lm, 1 Km] in 1 Lm, die Rückseite der Lm-Kette behäkeln: 5 fM, 4 hStb. Faden ca. 25 cm lang abschneiden.

## KURZES BLATT

In Moos 9 Lm anschl, ab der 3. Lm von der Nd aus 2 hStb, 4 fM, [1 Km, 2 Lm, 1 Km] in 1 Lm, die Rückseite der Lm-Kette behäkeln: 4 fM, 2 hStb. Faden ca. 25 cm lang abschneiden.

## FERTIGSTELLEN

Die beiden Blätter oberhalb der Zwiebel am Stengel festnähen. Die Blütenblätter entlang der 50. Rd an der Blüte festnähen. In den unteren Teil der Blumenzwiebel (1.+2. Rd) in Ivory 8 verschieden lange Wurzelfäden einziehen. Den oberen Teil des Stengels leicht nach unten biegen.

# Kräftiger Krokus

## SCHWIERIGKEIT 2

## GRÖSSE

ca. 11 cm

## MATERIAL

- Schachenmayr Catania (LL 125 m/50 g) in Marone (Fb 157), Camel (Fb 179), Ivory (Fb 436), Moos (Fb 412), Fresie (Fb 251), Mango (Fb 411) und Gelbgrün (Fb 392), je 50 g oder Rest
- Häkelnadel 2,0 mm
- Füllwatte
- Wollnadel
- Chenilledraht (in der Mitte gebogen, gedreht, ca. 7 cm lang)

## BLUMENZWIEBEL, STENGEL UND BLÜTE

In Camel einen Magic-Ring anfertigen. Weiter in Spiralrd fM häkeln.

**1. Rd:** 6 fM in den Ring häkeln (= 6 M).

**2. Rd:** Jede fM verdoppeln (= 12 M).

**3. Rd (Marone):** Jede 2. fM verdoppeln, dabei nur in die hinteren M-Glieder häkeln (= 18 M).

**4. Rd:** Jede 3. fM verdoppeln (= 24 M).

**5.-9. Rd:** Jeweils 24 fM häkeln.

**10. Rd:** Jede 3. und 4. fM zusammen abmaschen (= 18 M).

**11.+12. Rd:** Jeweils 18 fM häkeln.

**13. Rd:** Jede 2. und 3. fM zusammen abmaschen (= 12 M).

**14. Rd:** 12 fM häkeln.

Die Figur fortlaufend mit Füllwatte ausstopfen.

**15. Rd:** Immer 2 fM zusammen abmaschen (= 6 M).

**16. Rd:** 6 fM häkeln.

**17. Rd (Gelbgrün):** 6 fM, dabei nur die hinteren M-Glieder häkeln.

**18.-28. Rd:** Jeweils 6 fM häkeln.

**29. Rd (Fresie):** 6 fM häkeln.

**30. Rd:** 6 fM häkeln.

**31. Rd (Mango):** 6 fM häkeln.

**32.-35. Rd:** Jeweils 6 fM häkeln.

1 Km in die 1. M der letzten Rd häkeln, Faden abschneiden und vernähen. Den Chenilledraht in den Stengel schieben.

## BLÜTENBLATT (6x)

In Fresie 9 Lm anschl, ab der 2. Lm von der Nd aus 1 fM, 4 hStb, 2 fM, [1 Km, 2 Lm, 1 Km] in 1 Lm, die Rückseite der Lm-Kette behäkeln: 2 fM, 4 hStb, 1 fM.

Faden ca. 25 cm lang abschneiden. 5 weitere Blütenblätter ebenso häkeln.

## BLATT (3x)

In Moos 11 Lm anschl, ab der 2. Lm von der Nd aus 1 Km, 8 fM, [1 Km, 2 Lm, 1 Km] in 1 Lm, die Rückseite der Lm-Kette behäkeln: 8 fM, 1 Km. Faden ca. 25 cm lang abschneiden. 2 weitere Blätter ebenso häkeln.

## FERTIGSTELLEN

Drei Blütenblätter nebeneinander an der 29. Rd des Stengels festnähen. Darüber die restlichen drei Blütenblätter festnähen, so dass die Zwischenräume der ersten drei Blätter verdeckt sind. Die Blätter leicht versetzt am Stengel festnähen. In den unteren Teil der Blumenzwiebel (1.+2. Rd) in Ivory 8 verschieden lange Wurzelfäden einziehen.

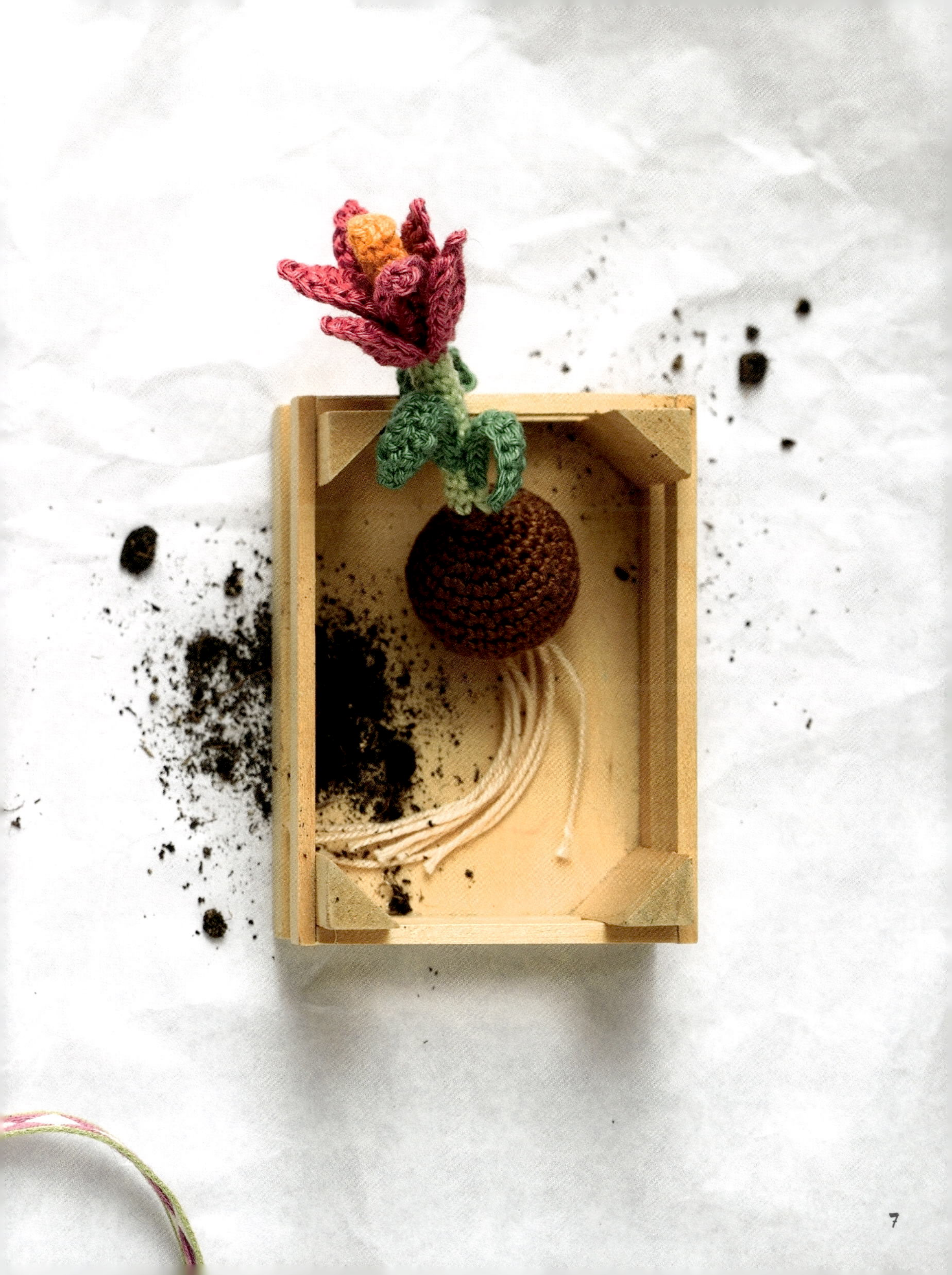

# Winziger Winterling

### SCHWIERIGKEIT 2

### GRÖSSE
ca. 12 cm

### MATERIAL
- Schachenmayr Catania (LL 125 m/50 g) in Kaffee (Fb 162), Camel (Fb 179), Ivory (Fb 436), Moos (Fb 412), Sonne (Fb 208), Sun-Kissed (Fb 437) und Gelbgrün (Fb 392), je 50 g oder Rest
- Häkelnadel 2,0 mm
- Füllwatte
- Wollnadel
- Chenilledraht (in der Mitte gebogen, gedreht, ca. 8 cm lang)

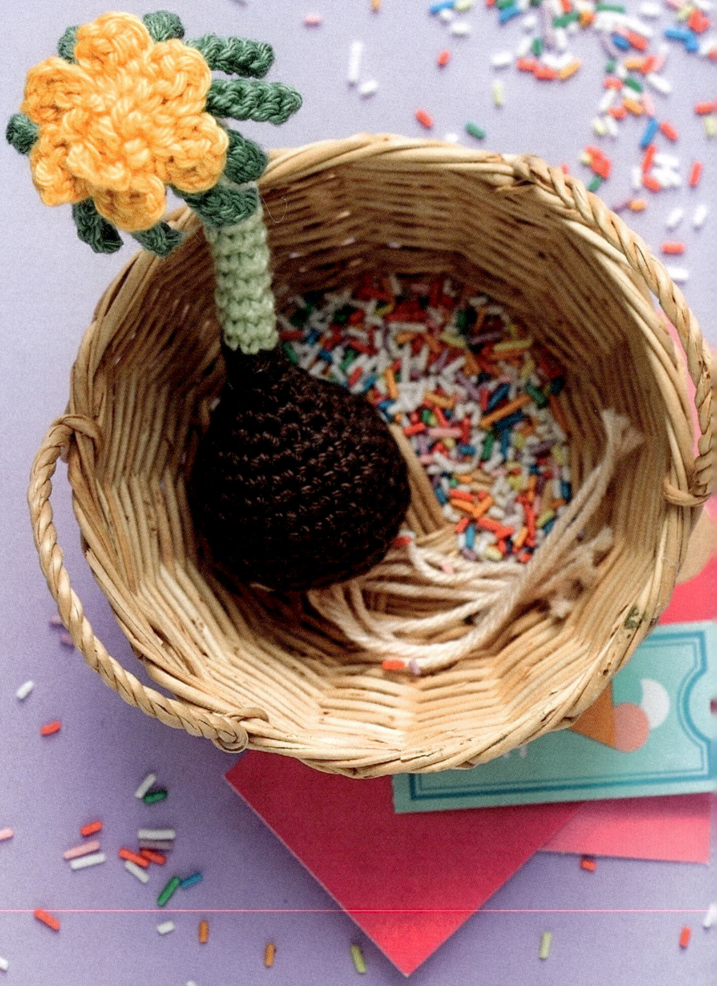

## BLUMENZWIEBEL, STENGEL UND BLÜTE

In Camel einen Magic-Ring anfertigen. Weiter in Spiralrd fM häkeln.

**1. Rd:** 6 fM in den Ring häkeln (= 6 M).
**2. Rd:** Jede fM verdoppeln (= 12 M).
**3. Rd (Kaffee):** Jede 2. fM verdoppeln, dabei nur in die hinteren M-Glieder häkeln (= 18 M).
**4. Rd:** Jede 3. fM verdoppeln (= 24 M).
**5.-9. Rd:** Jeweils 24 fM häkeln.
**10. Rd:** Jede 3. und 4. fM zusammen abmaschen (= 18 M).
**11.+12. Rd:** Jeweils 18 fM häkeln.
**13. Rd:** Jede 2. und 3. fM zusammen abmaschen (= 12 M).
**14. Rd:** 12 fM häkeln.
Die Figur fortlaufend mit Füllwatte ausstopfen.
**15. Rd:** Immer 2 fM zusammen abmaschen (= 6 M).
**16. Rd:** 6 fM häkeln.
**17. Rd (Gelbgrün):** 6 fM, dabei nur die hinteren M-Glieder häkeln.
**18.-28. Rd:** Jeweils 6 fM häkeln.
**29. Rd (Sun-Kissed):** 6 fM häkeln.
**30.-32. Rd:** Jeweils 6 fM häkeln.
**33. Rd (Moos):** 6 fM häkeln.
**34. Rd:** 6 fM häkeln.
**35. Rd:** 6 fM, dabei nur die hinteren M-Glieder häkeln.
**36. Rd (Sonne):** 6 fM häkeln.
Den Chenilledraht in den Stengel schieben.
**37. Rd:** * [1 Km, 3 Lm, 1 Stb, 3 Lm, 1 Km] in 1 M, dabei nur in das vordere M-Glied häkeln, ab * noch 5x wdh.
Faden ca. 25 cm lang abschneiden und in die hinteren M-Glieder der 36. Rd jeweils 3 kleine Schlaufen einziehen und vernähen.
Aus den vorderen M-Gliedern der 34. Rd in Moos Blätter häkeln:
* 1 Km, 7 Lm anschl, ab der 2. Lm von der Nd aus 6 Km, ab * noch 5x wdh.
Faden abschneiden und vernähen.

## FERTIGSTELLEN

In den unteren Teil der Blumenzwiebel (1.+2. Rd) in Ivory 8 verschieden lange Wurzelfäden einziehen.

# Gabi, die Glockenblumen-Fee

### SCHWIERIGKEIT 3

### GRÖSSE
ca. 14 cm

### MATERIAL
- Schachenmayr Catania (LL 125 m/50 g) in Wolke (Fb 247), Serenity (Fb 180), Schwarz (Fb 110), Pink (Fb 225), Signalrot (Fb 115), Natur (Fb 105), Rosé Gold (Fb 433), Honig (Fb 206) und Moos (Fb 412), je 50 g oder Rest
- Häkelnadel 2,0 mm
- Füllwatte
- Wollnadel

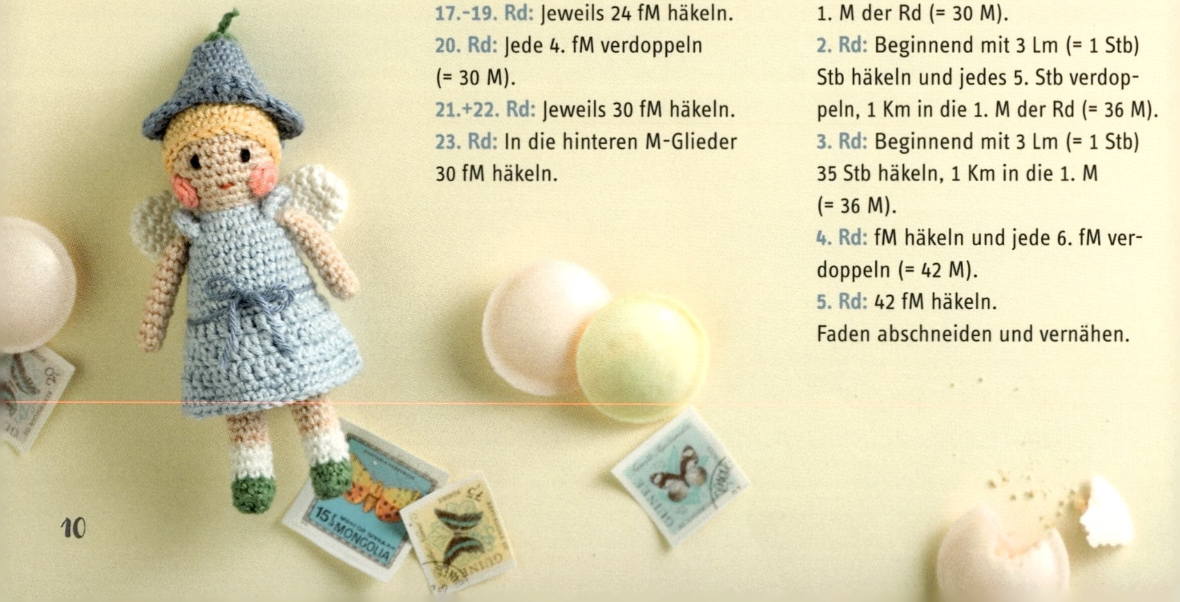

### KOPF UND KÖRPER
In Rosé Gold einen Magic-Ring anfertigen. Weiter in Spiralrd fM häkeln.

**1. Rd:** 6 fM in den Ring häkeln (= 6 M).
**2. Rd:** Jede fM verdoppeln (= 12 M).
**3. Rd:** Jede 2. fM verdoppeln (= 18 M).
**4. Rd:** 18 fM häkeln.
**5. Rd:** Jede 3. fM verdoppeln (= 24 M).
**6.-10. Rd:** Jeweils 24 fM häkeln.
**11. Rd:** Jede 3. und 4 M zusammen abmaschen (= 18 M).
**12. Rd:** 18 fM häkeln.
**13. Rd:** Jede 2. und 3 M zusammen abmaschen (= 12 M).
Die Figur fortlaufend mit Füllwatte ausstopfen.
**14. Rd (Serenity):** Jede 2. fM verdoppeln (= 18 M).
**15. Rd:** 18 fM häkeln.
**16. Rd:** Jede 3. fM verdoppeln (= 24 M).
**17.-19. Rd:** Jeweils 24 fM häkeln.
**20. Rd:** Jede 4. fM verdoppeln (= 30 M).
**21.+22. Rd:** Jeweils 30 fM häkeln.
**23. Rd:** In die hinteren M-Glieder 30 fM häkeln.
**24. Rd (Wolke):** In die hinteren M-Glieder 30 fM häkeln.
**25.+26. Rd:** Jeweils 30 fM häkeln.
**27. Rd:** Jede 4. und 5. fM zusammen abmaschen (= 24 M).
**28. Rd:** 24 fM häkeln.
**29. Rd:** Jede 3. und 4. fM zusammen abmaschen (= 18 M).
**30. Rd:** Jede 2. und 3. fM zusammen abmaschen (= 12 M).
**31. Rd:** Immer 2 fM zusammen abmaschen (= 6 M).
1 Km in die 1. M der letzten Rd häkeln. Faden ca. 25 cm lang abschneiden, mit der Wollnadel durch alle 6 vorderen M-Glieder fädeln, zusammenziehen und vernähen.

### ROCK
**1. Rd:** In Serenity beginnend mit 3 Lm (= 1 Stb) in die vorderen M-Glieder der 23. Rd 29 Stb häkeln, 1 Km in die 1. M der Rd (= 30 M).
**2. Rd:** Beginnend mit 3 Lm (= 1 Stb) Stb häkeln und jedes 5. Stb verdoppeln, 1 Km in die 1. M der Rd (= 36 M).
**3. Rd:** Beginnend mit 3 Lm (= 1 Stb) 35 Stb häkeln, 1 Km in die 1. M (= 36 M).
**4. Rd:** fM häkeln und jede 6. fM verdoppeln (= 42 M).
**5. Rd:** 42 fM häkeln.
Faden abschneiden und vernähen.

## ARM (2x)

In Rosé Gold einen Magic-Ring anfertigen. Weiter in Spiralrd fM häkeln.
1. Rd: 6 fM in den Ring häkeln (= 6 M).
2.-10. Rd: Jeweils 6 fM häkeln.
Den 2. Arm ebenso häkeln.
Arm flach zusammendrücken und beginnend mit einer Steige-Lm den Arm mit 3 fM zusammenhäkeln. Faden ca. 25 cm lang abschneiden.

## SCHUH UND BEIN (2x)

In Spiralrd fM häkeln.
1. Rd: In Moos 5 Lm anschl, ab der 2. Lm von der Nd aus 3 fM, 3 fM in 1 Lm, die Rückseite der Lm-Kette genauso behäkeln (= 12 M).
2. Rd: In die hinteren M-Glieder 12 fM häkeln.
3. Rd: 3 fM, 3x 2 fM zusammen abmaschen, 3 fM (= 9 M).
4. Rd: 9 fM häkeln.
5. Rd (Natur): In die hinteren M-Glieder 9 fM häkeln.
6.+7. Rd: Jeweils 9 fM häkeln.
8. Rd (Rosé Gold): 9 fM häkeln.
9.-12. Rd: Jeweils 9 fM häkeln.
1 Km in die 1. M der letzten Rd häkeln. Faden ca. 25 cm lang abschneiden. Schuh und Bein mit Füllwatte ausstopfen.
Den 2. Schuh und das 2. Bein ebenso häkeln.

## HAARE

In Honig einen Magic-Ring anfertigen. Weiter in Spiralrd fM häkeln.
1. Rd: 6 fM in den Ring häkeln (= 6 M).
2. Rd: Jede fM verdoppeln (= 12 M).
3. Rd: Jede 2. fM verdoppeln (= 18 M).
4. Rd: 18 fM häkeln.
5. Rd: Jede 3. fM verdoppeln (= 24 M).
6. Rd: Jede 12. M verdoppeln (= 26 M).
7.-9. Rd: Jeweils 26 fM häkeln.
1 Km in die 1. M der letzten Rd häkeln. Faden ca. 25 cm lang abschneiden.

## ÄRMEL (2x)

In Serenity 6 Lm anschlagen, ab der 2 M von der Nadel aus 1 Km, 1 fM, 2 hStb in 1 M, 1 fM, 1 Km häkeln. Faden ca. 25 cm lang abschneiden.
Den 2. Ärmel ebenso häkeln.

## HUT

In Wolke einen Magic-Ring anfertigen. Weiter in Spiralrd fM häkeln.
1. Rd: 5 fM in den Ring häkeln (= 5 M).
2. Rd: Jede fM verdoppeln (= 10 M).
3. Rd: 10 fM häkeln.
4. Rd: Jede 2. fM verdoppeln (= 15 M).
5. Rd: 15 fM häkeln.
6. Rd: Jede 3.f M verdoppeln (= 20 M).
7. Rd: 20 fM häkeln.
8. Rd: Jede 4. fM verdoppeln (= 25 M).
9.+10. Rd: Jeweils 25 fM häkeln.
11. Rd: Jede 5. fM verdoppeln (= 30 M).
12. Rd: * 1 Km, 1 hStb, [1 Stb, 1 DStb, 1 Lm] in 1 M, 1 Stb, 1 hStb, ab * noch 5x wdh.
Faden ca. 25 cm lang abschneiden.
Den Hut mit etwas Füllwatte ausstopfen.

## STIEL

In Moos einen Magic-Ring anfertigen. 6 fM in den Ring häkeln. Mit 1 Km zur Rd schließen. Faden ca. 25 cm lang abschneiden. Mit dem Anfangsfaden 2 Lm häkeln. Fadenende verknoten und abschneiden. Den Stiel oben auf dem Hut festnähen.

## FLÜGEL (2x)

In Natur einen Magic-Ring anfertigen. Weiter in Spiralrd fM häkeln.
1. Rd: 6 fM in den Ring häkeln (= 6 M).
2. Rd: Jede fM verdoppeln (= 12 M).
3.-6. Rd: Jeweils 12 fM häkeln.
7. Rd: Jede 5. und 6. fM zusammen abmaschen (= 10 M).
Flügel flach zusammendrücken und beginnend mit 1 Steige-Lm mit 5 fM zusammenhäkeln. Faden ca. 25 cm lang abschneiden.
Den 2. Flügel ebenso häkeln.

## BÄCKCHEN (2x)

In Pink einen Magic-Ring anfertigen. 5 fM in den Ring häkeln. Mit 1 Km zur Rd schließen. Faden ca. 25 cm lang abschneiden.
Das 2. Bäckchen ebenso häkeln.

## FERTIGSTELLEN

Flügel leicht schräg am Rücken am Körper festnähen. Beine und Arme am Körper festnähen. Das Haar leicht schräg am Kopf festnähen. Die Ärmel oberhalb der Arme am Körper festnähen. Den Hut leicht schräg auf dem Haar festnähen. Mit einem geteilten Stück Faden in Schwarz die Augen aufsticken. Mit einem geteilten Stück Faden in Rot den Mund aufsticken. Die Bäckchen im Gesicht festnähen. Um den Bauch ein Stück Faden in Wolke legen, zur Schleife binden und auf die gewünschte Länge kürzen.

# Bezaubernde Blumenkinder

**SCHWIERIGKEIT 2**

**GRÖSSE**
ca. 9 cm

**MATERIAL**

- Schachenmayr Catania (LL 125 m/50 g) in Rosé Gold (Fb 433), Serenity (Fb 180), Lavendel (Fb 422), Fresie (Fb 251), Honig (Fb 206), Camel (Fb 179), Schwarz (Fb 110), Pink (Fb 225), Deep Amber (Fb 438), Signalrot (Fb 115) und Moos (Fb 412), je 50 g oder Rest
- Häkelnadel 2,0 mm
- Füllwatte
- Wollnadel

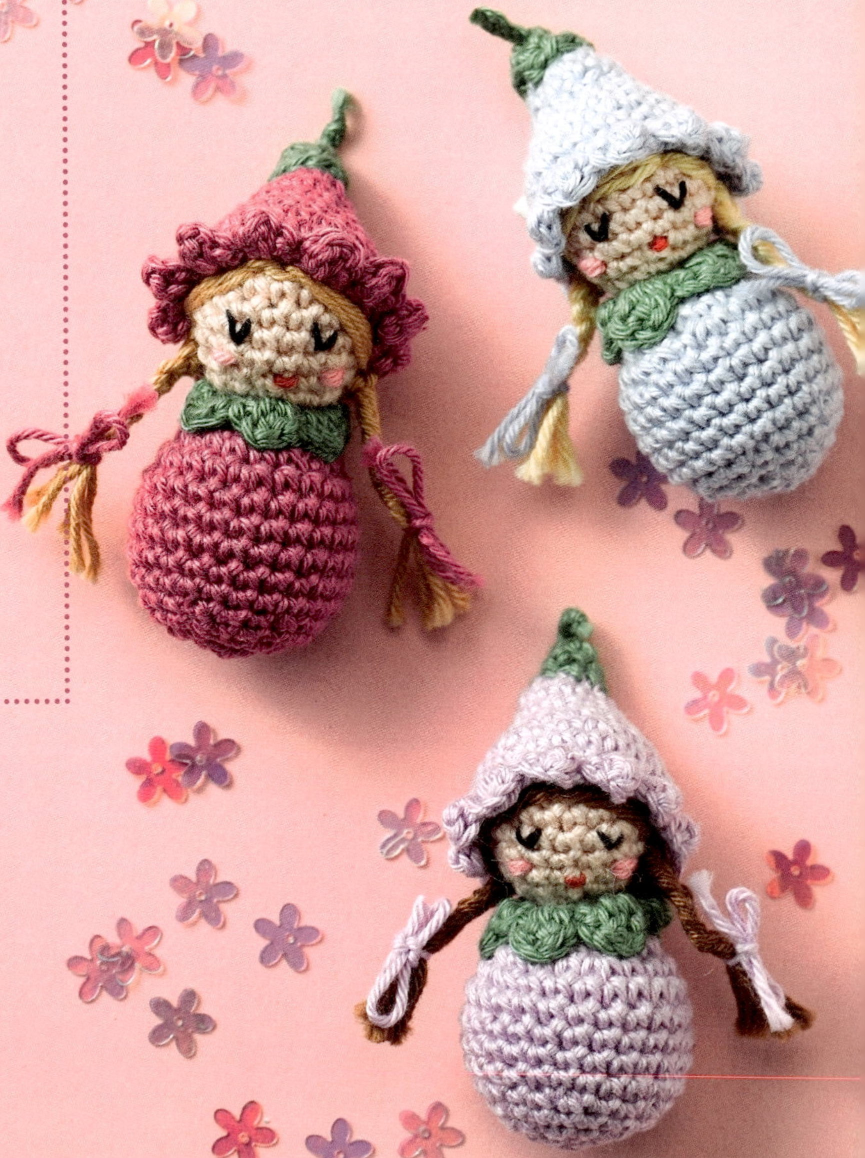

## KOPF UND KÖRPER

In Rosé Gold einen Magic-Ring anfertigen. Weiter in Spiralrd fM häkeln.

**1. Rd:** 6 fM in den Ring häkeln (= 6 M).
**2. Rd:** Jede fM verdoppeln (= 12 M).
**3. Rd:** 12 fM häkeln.
**4. Rd:** Jede 2. fM verdoppeln (= 18 M).
**5.-8. Rd:** Jeweils 18 fM häkeln.
**9. Rd:** Jede 2. und 3. fM zusammen abmaschen (= 12 M).
**10. Rd:** 12 fM häkeln.
Die Figur fortlaufend mit Füllwatte ausstopfen.
**11. Rd:** Immer 2 fM zusammen abmaschen (= 6 M).
**12. Rd (Serenity, Lavendel oder Fresie):** Jede fM verdoppeln (= 12 M).
**13. Rd:** Jede 2. fM verdoppeln (= 18 M).
**14. Rd:** 18 fM häkeln.
**15. Rd:** Jede 3. fM verdoppeln (= 24 M).
**16.-20. Rd:** Jeweils 24 fM häkeln.
**21. Rd:** Jede 3. und 4. fM zusammen abmaschen (= 18 M).
**22. Rd:** 18 fM häkeln.
**23. Rd:** Jede 2. und 3. fM zusammen abmaschen (= 12 M).
**24. Rd:** Immer 2 fM zusammen abmaschen (= 6 M).
1 Km in die 1. M der letzten Rd häkeln. Faden abschneiden, mit der Wollnadel durch alle 6 vorderen M-Glieder fädeln, zusammenziehen und vernähen.

## HUT

In Serenity, Lavendel oder Fresie einen Magic-Ring anfertigen. Weiter in Spiralrd fM häkeln.

**1. Rd:** 6 fM in den Ring häkeln (= 6 M).
**2. Rd:** Jede fM verdoppeln (= 12 M).
**3.+4. Rd:** Jeweils 12 fM häkeln.
**5. Rd:** Jede 2. fM verdoppeln (= 18 M).
**6. Rd:** 18 fM häkeln.
**7. Rd:** Jede 3. fM verdoppeln (= 24 M).
**8.+9. Rd:** Jeweils 24 fM häkeln.
**10. Rd:** In die vorderen M-Glieder 12x (1 Km, [1 fM, 1 Stb, 1 Lm, 1 fM] in 1 M) häkeln.
1 Km in die 1. M der letzten Rd häkeln. Faden ca. 25 cm lang abschneiden.

## BLÜTENSPITZE

In Moos einen Magic-Ring anfertigen. Weiter in Spiralrd fM häkeln.

**1. Rd:** 6 fM in den Ring häkeln (= 6 M).
**2. Rd:** Jede 2. fM verdoppeln (= 9 M).
1 Km in die 1. M der letzten Rd häkeln. Faden ca. 25 cm lang abschneiden. Aus dem Magic Ring in Moos 4 Lm häkeln. Fadenende verknoten und abschneiden.

## KRAGEN

In Moos 14 Lm anschl, ab der 2. Lm von der Nd aus * 1 Km, [1 fM, 1 Stb, 1 Lm, 1 Stb, 1 fM] in 1 M, ab * noch 5x wdh, 1 Km häkeln. Faden ca. 25 cm lang abschneiden.

## FERTIGSTELLEN

Blütenspitze auf dem Hut festnähen. Hut leicht schräg am Kopf festnähen. Kragen um Hals legen und festnähen. In Honig (bei Hut Serenity), Deep Amber (bei Hut Lavendel) und Camel (bei Hut Fresie) Haarsträhnen aufsticken. Beidseitig vom Kopf unterhalb der Hutkrempe 12 je 10 cm lange Fadenstücke in entsprechender Farbe einziehen, zum Zopf flechten und in gewünschter Länge mit einer Schleife in passender Farbe zusammenbinden und abschneiden. Mit einem geteilten Stück Faden in Schwarz und Signalrot Augen und Mund aufsticken. Mit Pink beidseitig Bäckchen aufsticken.

# Schüchterne Schnecke

## SCHWIERIGKEIT 2

## GRÖSSE

ca. 7 cm

## MATERIAL

- Häkelnadel 2,0 mm
- Füllwatte
- Wollnadel

### BRAUNE SCHNECKE

- Schachenmayr Catania (LL 125 m/50 g) in Sand (Fb 404), Marone (Fb 157) und Camel (Fb 179), je 50 g oder Rest

### FLIEDERFARBENE SCHNECKE

- Schachenmayr Catania (LL 125 m/50 g) in Rosé Gold (Fb 433), Flieder (Fb 266) und Violett (Fb 113), je 50 g oder Rest

## KOPF UND KÖRPER

**1. Rd:** In Sand 15 Lm anschl, ab der 2. Lm von der Nd aus 13 fM, 3 fM in 1 Lm, die Rückseite der Lm-Kette behäkeln: 13 fM, 3 fM in 1 M (= 32 M).

**2. Rd:** 13 fM, 3x 1 fM verdoppeln, 13 fM, 3x 1 fM verdoppeln (= 38 M).

**3. Rd:** In die hinteren M-Glieder 38 fM häkeln.

**4. Rd:** 13 fM, 3x (2 fM zusammen abmaschen), 19 fM (= 35 M).

**5. Rd:** 13 fM, 2x (2 fM zusammen abmaschen), 18 fM (= 33 M).

**6. Rd:** 12 fM, 2x (2 fM zusammen abmaschen), 17 fM (= 31 M).

Jetzt wird in zwei Teilen weiter gehäkelt:

## KOPF

**1. Rd:** 4 fM, dann in die gegenüberliegende Seite einstechen (ab der 24. M der Vor-Rd) und 8 fM in die M der Vor-Rd häkeln (= 12 M).

**2.-9. Rd:** Jeweils 12 fM häkeln.

**10. Rd:** Immer 2 fM zusammen abmaschen (= 6 M).

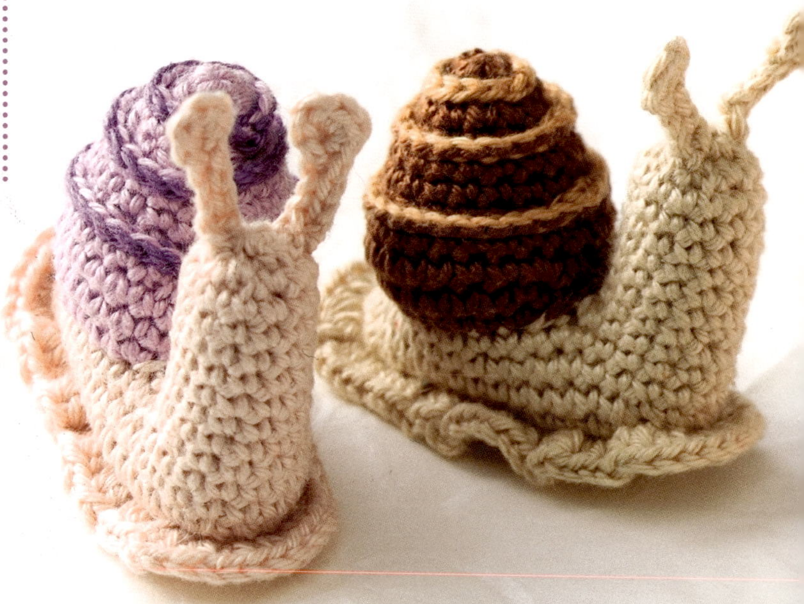

## HAUS

**1. Rd:** In Marone in die vorderen M-Glieder der verbleibenden 19 M des Körpers 9x (1 fM, 1 fM verdoppeln), 1 fM häkeln und zur Rd schließen (= 28 M).

**2.+3. Rd:** 28 fM häkeln.

**4. Rd:** 2x (2 fM zusammen abmaschen), 10 fM, 2x (2 fM zusammen abmaschen), 10 fM (= 24 M).

**5. Rd:** Jede 3. und 4. fM zusammen abmaschen, dabei nur in die hinteren M-Glieder häkeln (= 18 M).

**6.+7. Rd:** Jeweils 18 fM häkeln.

**8. Rd:** Jede 2. und 3. M zusammen abmaschen, dabei nur in die hinteren M-Glieder häkeln (= 12 M).

Die Figur fortlaufend mit Füllwatte ausstopfen.

**9. Rd:** 12 fM häkeln.

**10. Rd:** Immer 2 fM zusammen abmaschen, dabei nur in die hinteren M-Glieder häkeln (= 6 M).

**11. Rd:** Immer 2 fM zusammen abmaschen (= 3 M).

1 Km in die 1. M der letzten Rd häkeln. Faden abschneiden, mit der Wollnadel durch alle 3 vorderen M-Glieder fädeln, zusammenziehen und vernähen.

## FÜHLER (2x)

In Sand 6 Lm anschl, ab der 2. Lm von der Nd aus 4 Km, [5 fM, 1 Km] in 1 M, die Rückseite der Lm-Kette behäkeln: 4 Km. Faden ca. 25 cm lang abschneiden.

Den 2. Fühler ebenso häkeln.

## FERTIGSTELLEN

In die vorderen M-Glieder der 4., 7. und 9. Rd des Hauses in Camel jeweils 1 Rd Km häkeln. In die vorderen M-Glieder der 2. Rd des Körpers in Sand beginnend mit 2 Lm (= 1 hStb) immer 2 hStb in 1 M häkeln, mit 1 Km in die 1. M die Rd schließen. Faden abschneiden und vernähen. Fühler am Kopf festnähen.

## VARIANTE

Kopf, Körper und Fühler in Rosé Gold (Fb 433), Haus in Flieder (Fb 226) und die aufgetakelten Linien in Violett (Fb 113) häkeln.

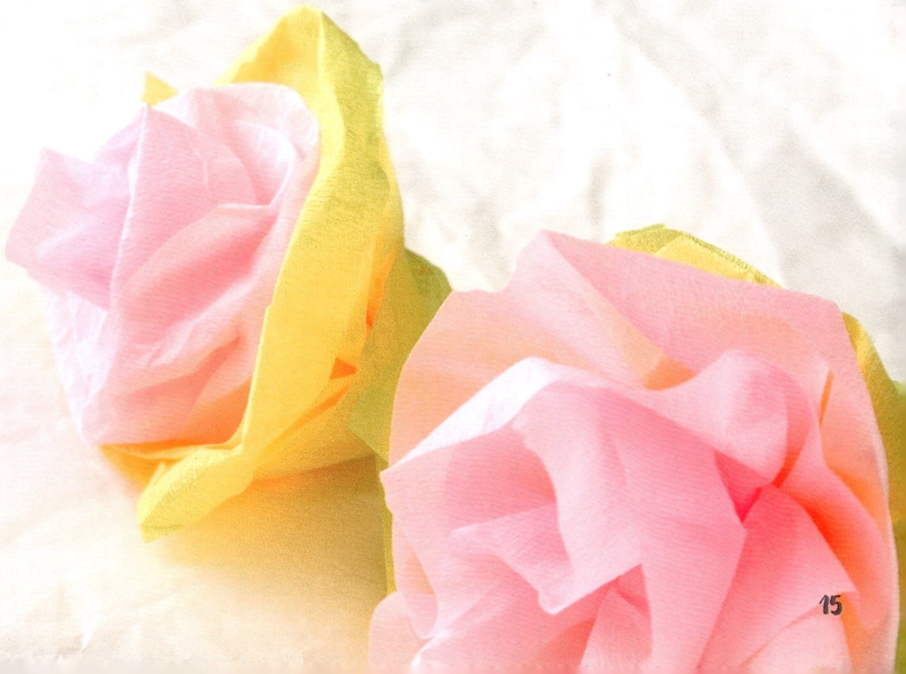

# Munterer Maikäfer

**SCHWIERIGKEIT 3**

**GRÖSSE**
ca. 7 cm

**MATERIAL**

- Schachenmayr Catania (LL 125 m/50 g) in Schwarz (Fb 110), Natur (Fb 105), Marone (Fb 157), Camel (Fb 179) und Fuchs (Fb 426), je 50 g oder Rest
- Häkelnadel 2,0 mm
- Füllwatte
- Wollnadel

## KÖRPER

**1. Rd:** In Schwarz 11 Lm anschl, ab der 2. Lm von der Nd aus 9 fM, 3 fM in 1 Lm, die Rückseite der Lm-Kette behäkeln: 9 fM, 3 fM in 1 M (= 24 M).
**2. Rd:** 9 fM, 3x 1 fM verdoppeln, 9 fM, 3x 1 fM verdoppeln (= 30 M).
**3. Rd:** 9 fM, 3x (1 fM verdoppeln, 1 fM), 9 fM, 3x (1 fM verdoppeln, 1 fM) (= 36 M).
**4. Rd:** In die hinteren M-Glieder 36 fM häkeln.
**5. Rd (Fuchs):** 36 fM häkeln.
**6. Rd:** 9 fM, 3x (2 fM zusammen abmaschen, 1 fM), 9 fM, 3x (2 fM zusammen abmaschen, 1 fM) (= 30 M).
**7. Rd:** 30 fM häkeln.
**8. Rd:** 9 fM, 3x (2 fM zusammen abmaschen), 9 fM, 3x (2 fM zusammen abmaschen) (= 24 M).
**9. Rd:** 24 fM häkeln.
**10. Rd:** Immer 2 fM zusammen abmaschen (= 12 M).
Faden ca. 25 cm lang abschneiden. Den Körper mit Füllwatte ausstopfen und die Öffnung längs zusammennähen.

## KOPF

**1. R:** In Camel 10 Lm anschl, ab der 2. Lm von der Nd aus 9 fM, 1 Wende-Lm (= 9 M).
**2. R (Schwarz):** 1 Km, 1 fM, 1 hStb, 3 Stb, 1 hStb, 1 fM, 1 Km.

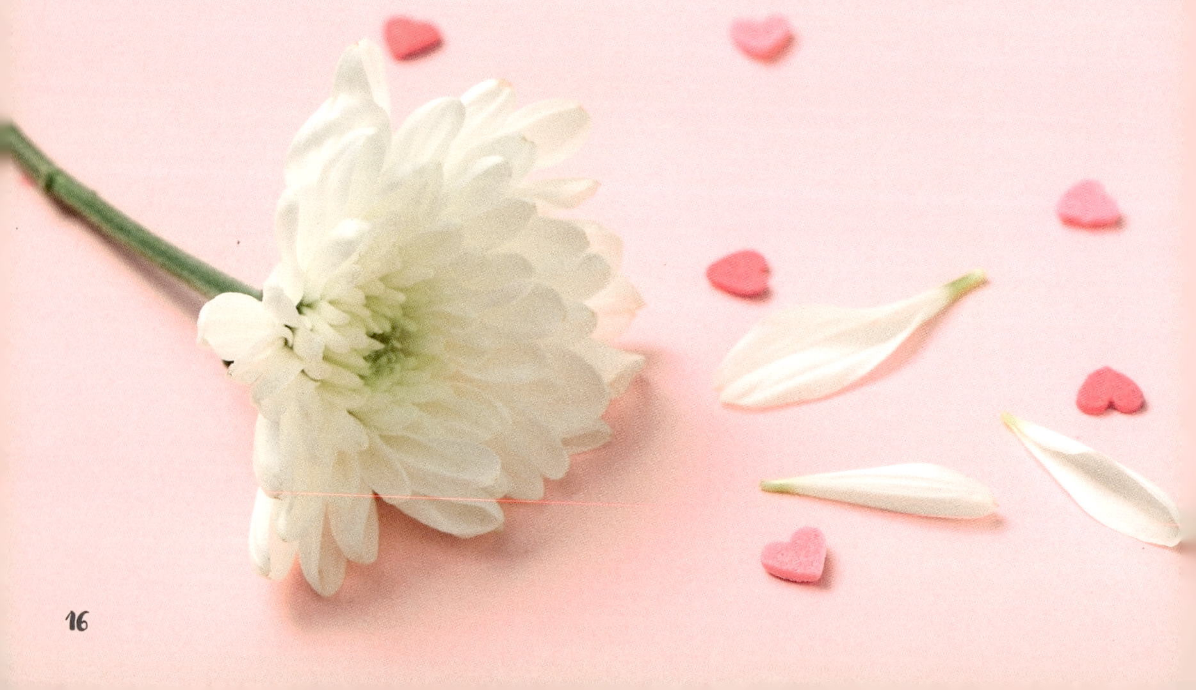

## BEINCHEN

In Schwarz am Hinterteil mittig in die vorderen M-Glieder der 3. Rd des Körpers häkeln:
4 Km, 1. Beinchen: (4 Lm, ab der 2. Lm von der Nd aus 3 Km), 1 M übergehen, 3 Km, 2. Beinchen: (4 Lm, ab der 2. Lm von der Nd aus 3 Km), 1 M übergehen, 3 Km, 3. Beinchen: (4 Lm, ab der 2. Lm von der Nd aus 3 Km), 1 M übergehen, 3 Km, 1. Fühler: (3 Lm, ab der 2. Lm von der Nd aus 2 Km), 1 M übergehen, 2 Km, 2. Fühler: (3 Lm, ab der 2. Lm von der Nd aus 2 Km), 1 M übergehen, 3 Km, 4. Beinchen: (4 Lm, ab der 2. Lm von der Nd aus 3 Km), 1 M übergehen, 3 Km, 5. Beinchen: (4 Lm, ab der 2. Lm von der Nd aus 3 Km), 1 M übergehen, 3 Km, 6. Beinchen: (4 Lm, ab der 2. Lm von der Nd aus 3 Km), 1 M übergehen, 4 Km.
Faden abschneiden und vernähen.

## FERTIGSTELLEN

Den Kopf oberhalb der Fühler auf den Körper nähen. In Schwarz mittig einen langen Stich auf den Körper sticken, am Ende zum Kopf hin ein Dreieck aufsticken. Beidseitig des schwarzen Stiches je 2 Stiche in Marone aufsticken. In Natur ausgehend vom Kopfende rundum bis zum Kopfende über die 4. Rd des Körpers ein Zick-Zack-Muster aufsticken.

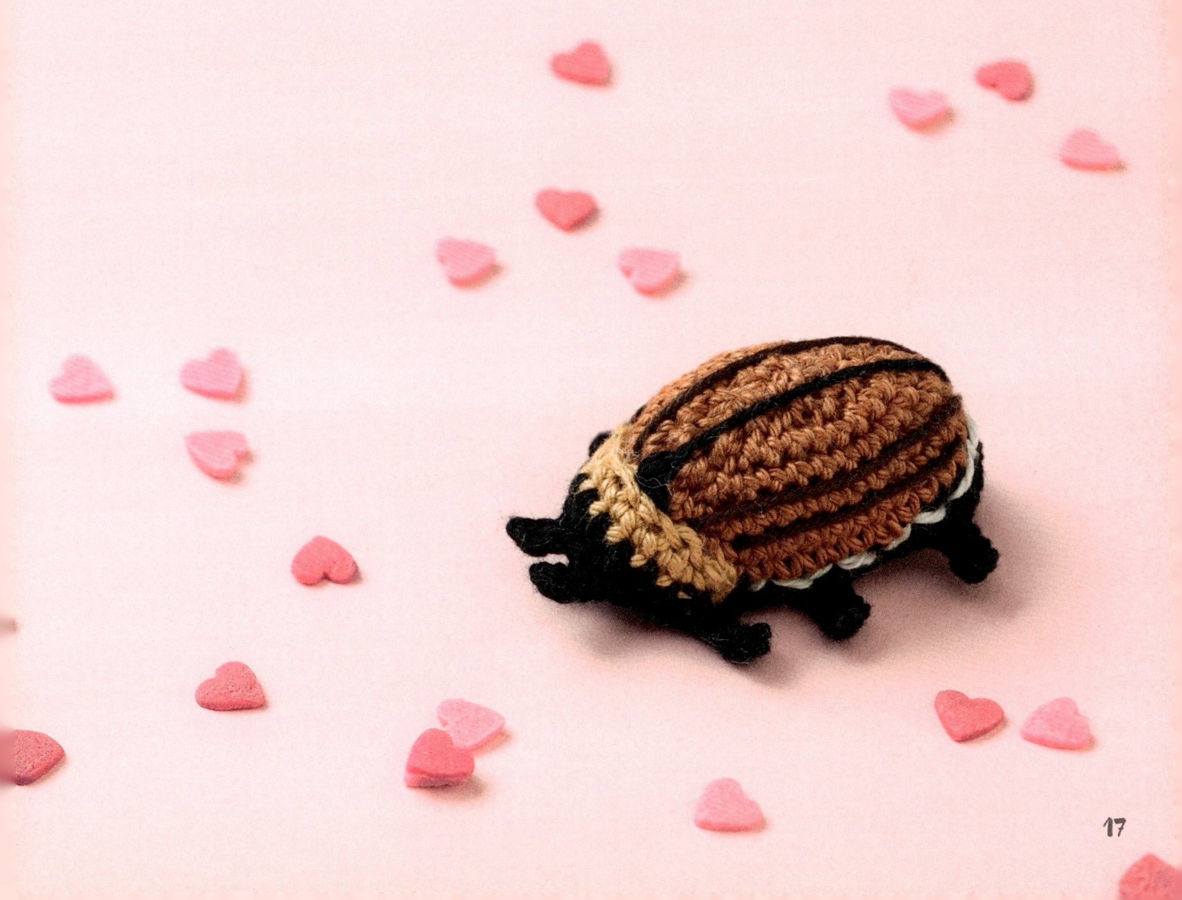

# Gudrun, der nistende Grünfink

### SCHWIERIGKEIT 2

### GRÖSSE

ca. 7 cm

### MATERIAL

- Schachenmayr Catania (LL 125 m/50 g) in Schwarz (Fb 110), Gelbgrün (Fb 392), Löwenzahn (Fb 280), Altrosa (Fb 408), Greenery (Fb 418), Deep Amber (Fb 438), Natur (Fb 105) und Graphit (Fb 393), je 50 g oder Rest
- Häkelnadeln 2,0 mm und 3,0 mm
- Füllwatte
- Wollnadel

### KOPF UND KÖRPER

In Gelbgrün einen Magic-Ring anfertigen. Weiter in Spiralrd fM häkeln.

**1. Rd:** Mit der Häkelnadel 2,0 mm 6 fM in den Ring häkeln (= 6 M).

**2. Rd:** Jede fM verdoppeln (= 12 M).

**3. Rd:** 12 fM häkeln.

**4. Rd:** Jede 2. fM verdoppeln (= 18 M).

**5.-7. Rd:** Jeweils 18 fM häkeln.

**8.+9. Rd (Greenery):** Jeweils 18 fM häkeln.

**10. Rd (Gelbgrün):** 10 Lm anschl, ab der 2. Lm von der Nd aus 9 fM, 18 fM über die M der Vor-Rd, 9 fM entlang der Rückseite der Lm-Kette häkeln (= 36 M).

**11.-16. Rd:** Jeweils 36 fM häkeln.
Die Figur fortlaufend mit Füllwatte ausstopfen.

**17. Rd:** Jede 5. und 6. fM zusammen abmaschen (= 30 M).

**18. Rd:** 30 fM häkeln.

**19. Rd:** Jede 4. und 5. fM zusammen abmaschen (= 24 M).

**20. Rd:** Jede 3. und 4. fM zusammen abmaschen (= 18 M).

**21. Rd:** Jede 2. und 3. fM zusammen abmaschen (= 12 M).

**22. Rd:** Immer 2 fM zusammen abmaschen (= 6 M).

1 Km in die 1. M der letzten Rd häkeln. Faden ca. 25 cm lang abschneiden, mit der Wollnadel durch alle 6 vorderen M-Glieder fädeln, zusammenziehen und vernähen.

### FLÜGEL (2x)

**1. Rd:** Mit der Häkelnadel 2,0 mm in Graphit 6 Lm anschl, ab der 2. Lm von der Nd aus 1 Km, 1 fM, 1 hStb, 1 Stb, 5 Stb in 1 Lm, die Rückseite der Lm-Kette behäkeln: 1 Stb, 1 hStb, 1 fM, 1 Km (= 13 M).

**2. Rd (Löwenzahn):** In die hinteren M-Glieder 13 fM häkeln.
1 Km in die 1. M der letzten Rd häkeln, Faden ca. 25 cm lang abschneiden.
Den 2. Flügel ebenso häkeln.

### SCHWANZFEDER

In Graphit einen Magic-Ring anfertigen. Weiter in Spiralrd fM häkeln.

**1. Rd:** Mit der Häkelnadel 2,0 mm 8 fM in den Ring häkeln (= 8 M).

**2.-8. Rd:** Jeweils 8 fM häkeln.
Schwanz flach zusammendrücken und beginnend mit einer Steige-Lm mit 4 fM zusammenhäkeln. Faden ca. 25 cm lang abschneiden.

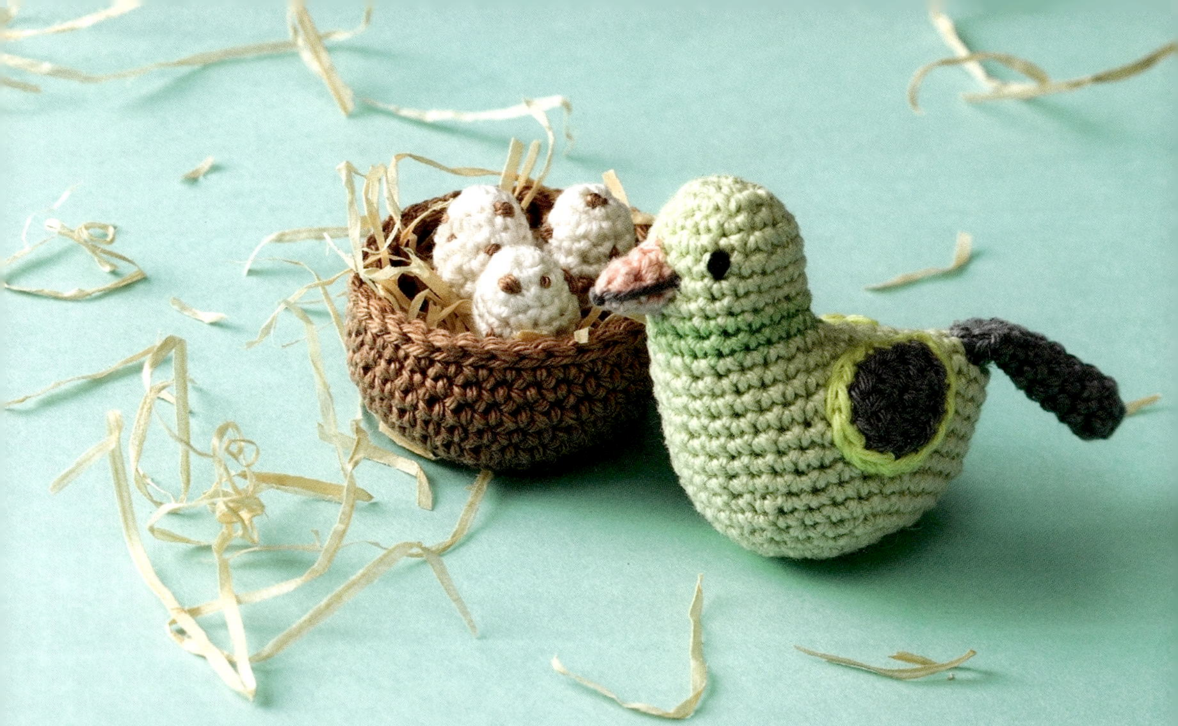

## SCHNABEL

In Altrosa einen Magic-Ring anfertigen. Weiter in Spiralrd fM häkeln.
**1. Rd:** Mit der Häkelnadel 2,0 mm 4 fM in den Ring häkeln (= 4 M).
**2. Rd:** 4 fM häkeln.
**3. Rd:** Jede 2. fM verdoppeln (= 6 M).
1 Km in die 1. M der letzten Rd häkeln. Faden ca. 25 cm lang abschneiden und den Schnabel mit etwas Füllwatte ausstopfen.

## EI (3x)

In Natur einen Magic-Ring anfertigen. Weiter in Spiralrd fM häkeln.
**1. Rd:** Mit der Häkelnadel 2,0 mm 6 fM in den Ring häkeln (= 6 M).
**2. Rd:** Jede 2. fM verdoppeln (= 9 M).
**3. Rd:** 9 fM häkeln.
**4. Rd:** Jede 3. fM verdoppeln (= 12 M).
**5. Rd:** 12 fM häkeln.
**6. Rd:** Jede 2. und 3. fM zusammen abmaschen (= 8 M).
**7. Rd:** Immer 2 fM zusammen abmaschen (= 4 M).
1 Km in die 1. M der letzten Rd häkeln. Faden länger abschneiden. Ei mit Füllwatte ausstopfen. Faden mit der Wollnadel durch alle 4 vorderen M-Glieder fädeln, zusammenziehen und vernähen. Mit Deep Amber ein paar Punkte aufsticken.
2 weitere Eier ebenso häkeln.

## NEST

In Deep Amber einen Magic-Ring anfertigen. Weiter in Spiralrd fM häkeln.
**1. Rd:** Mit der Häkelnadel 3,0 mm 6 fM in den Ring häkeln (= 6 M).
**2. Rd:** Jede fM verdoppeln (= 12 M).
**3. Rd:** Jede 2. fM verdoppeln (= 18 M).
**4. Rd:** * 1 fM, 1 fM verdoppeln, 1 fM, ab * noch 5x wdh (= 24 M).
**5. Rd:** Jede 4. fM verdoppeln (= 30 M).
**6. Rd:** * 2 fM, 1 fM verdoppeln, 2 fM, ab * noch 5x wdh (= 36 M).
**7.-11. Rd:** Jeweils 36 fM häkeln.
**12. Rd:** 36 Km häkeln.
Faden abschneiden und vernähen.

## FERTIGSTELLEN

Den Schnabel am Kopf festnähen. Mit Graphit einen langen Stich einmal über den Schnabel sticken, sodass er optisch in zwei Hälften geteilt ist. Beidseitig die Flügel festnähen und am Hinterteil die Schwanzfeder festnähen. Mit einem geteilten Stück Garn in Schwarz die Augen aufsticken.

# Mia, der Marienkäfer

### SCHWIERIGKEIT 3

### GRÖSSE

ca. 8 cm

### MATERIAL

- Schachenmayr Catania (LL 125 m/50 g) in Signalrot (Fb 115), Schwarz (Fb 110), Rosé Gold (Fb 433), Sun-Kissed (Fb 437), Marone (Fb 157) und Pink (Fb 225), je 50 g oder Rest
- Häkelnadel 2,0 mm
- Füllwatte
- Wollnadel

## KOPF, KÖRPER UND FÜSSE

In Rosé Gold einen Magic-Ring anfertigen. Weiter in Spiralrd fM häkeln.

**1. Rd:** 6 fM in den Ring häkeln (= 6 M).

**2. Rd:** Jede fM verdoppeln (= 12 M).

**3. Rd:** Jede 2. fM verdoppeln (= 18 M).

**4. Rd:** 18 fM häkeln.

**5. Rd:** Jede 3. fM verdoppeln (= 24 M).

**6.–10. Rd:** Jeweils 24 fM häkeln.

**11. Rd:** Jede 3. und 4. fM zusammen abmaschen (= 18 M).

**12. Rd:** 18 fM häkeln.

**13. Rd:** Jede 2. und 3. fM zusammen abmaschen (= 12 M).

Die Figur fortlaufend mit Füllwatte ausstopfen.

**14. Rd (Anthrazit):** Jede 2. fM verdoppeln (= 18 M).

**15.+16. Rd:** Jeweils 18 fM häkeln.

**17. Rd:** Jede 3. fM verdoppeln (= 24 M).

**18.–20. Rd:** Jeweils 24 fM häkeln.

**21. Rd:** Jede 4. fM verdoppeln (= 30 M).

**22.–24. Rd:** Jeweils 30 fM häkeln.

**25. Rd:** Jede 4. und 5. fM zusammen abmaschen, dabei nur in die hinteren M-Glieder häkeln (= 24 M).

**26. Rd:** Jede 3. und 4. fM zusammen abmaschen (= 18 M).

**27. Rd (Marone):** Jede 3. fM verdoppeln (= 24 M).

**28. Rd:** 24 fM häkeln.

**29. Rd:** Jede 3. und 4. fM zusammen abmaschen, dabei nur die hinteren M-Glieder häkeln (= 18 M).

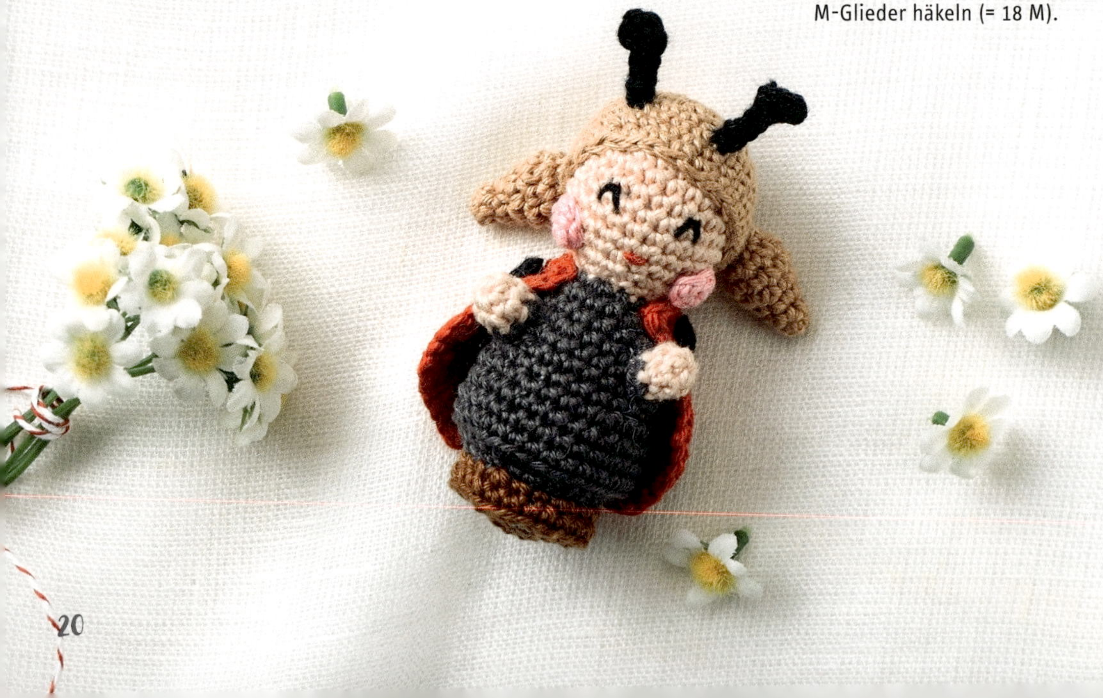

**30. Rd:** Jede 2. und 3. fM zusammen abmaschen (= 12 M).
**31. Rd:** Immer 2 fM zusammen abmaschen (= 6 M).
1 Km in die 1. M der letzten Rd häkeln. Faden abschneiden, mit der Wollnadel durch alle 6 vorderen M-Glieder fädeln, zusammenziehen und vernähen.

## ARM (2x)

In Rosé Gold einen Magic-Ring anfertigen. Weiter in Spiralrd fM häkeln.
**1. Rd:** 6 fM in den Ring häkeln (= 6 M).
**2. Rd:** 6 fM häkeln.
**3. Rd (Anthrazit):** 6 fM häkeln.
1 Km in die 1. M der letzten Rd häkeln. Faden ca. 25 cm lang abschneiden.
Den 2. Arm ebenso häkeln.
Die Arme mit etwas Füllwatte ausstopfen.

## HAARE

In Sun-Kissed einen Magic-Ring anfertigen. Weiter in Spiralrd fM häkeln.
**1. Rd:** 6 fM in den Ring häkeln (= 6 M).
**2. Rd:** Jede fM verdoppeln (= 12 M).
**3. Rd:** Jede 2. fM verdoppeln (= 18 M).
**4. Rd:** 18 fM häkeln.
**5. Rd:** Jede 3. fM verdoppeln (= 24 M).
**6. Rd:** Jede 12. fM verdoppeln (= 26 M).
**7.-10. Rd:** Jeweils 26 fM häkeln.
1 Km in die 1. M der letzten Rd häkeln. Faden ca. 25 cm lang abschneiden.

## ZOPF (2x)

In Sun-Kissed einen Magic-Ring anfertigen. Weiter in Spiralrd fM häkeln.
**1. Rd:** 4 fM in den Ring häkeln (= 4 M).
**2. Rd:** 4 fM häkeln.
**3. Rd:** Jede 2. fM verdoppeln (= 6 M).
**4. Rd:** Jede 2. fM verdoppeln (= 9 M).
**5.+6. Rd:** Jeweils 9 fM häkeln.
**7. Rd:** Jede 2. und 3. fM zusammen abmaschen (= 6 M).
1 Km in die 1. M der letzten Rd häkeln. Faden ca. 25 cm lang abschneiden.
Den 2. Zopf ebenso häkeln.
Die Zöpfe mit etwas Füllwatte ausstopfen.

## FÜHLER (2x)

In Schwarz 6 Lm anschl, ab der 2. M von der Nd aus 4 Km, [5 fM, 1 Km] in 1 Lm, die Rückseite der Lm-Kette mit 4 Km behäkeln.
Faden ca. 25 cm lang abschneiden.
Den 2. Fühler ebenso häkeln.

## FLÜGEL (Umhang)

**1. R:** In Signalrot 13 Lm anschl, ab der 2. Lm von der Nd aus 12 fM häkeln, 1 Wende-Lm (= 12 M).
**2. R:** 1 fM verdoppeln, 10 fM, 1 fM verdoppeln, 1 Wende-Lm (= 14 M).
**3. R:** 14 fM häkeln, 1 Wende-Lm.
**4. R:** 1 fM verdoppeln, 12 fM, 1 fM verdoppeln, 1 Wende-Lm (= 16 M).
**5.-7. R:** Jeweils 16 fM häkeln, 1 Wende-Lm.
**8. R:** 2 fM zusammen abmaschen, 12 fM, 2 fM zusammen abmaschen, 1 Wende-Lm (= 14 M).
**9. R:** 2 fM zusammen abmaschen, 10 fM, 2 fM zusammen abmaschen, 1 Wende-Lm (= 12 M).
**10. R:** 2 fM zusammen abmaschen, 8 fM, 2 fM zusammen abmaschen, 1 Wende-Lm (= 10 M).
Den Flügel mit fM umhäkeln, dabei in die beiden oberen Ecken des Flügels 3 fM häkeln.

## PUNKT (6x)

In Schwarz einen Magic-Ring anfertigen.
6 fM in den Ring häkeln. 1 Km in die 1. M der Rd. Faden ca. 25 cm lang abschneiden.
Die Punkte auf dem Flügel festnähen.
5 weitere Punkte ebenso häkeln.

## BÄCKCHEN (2x)

In Pink einen Magic-Ring anfertigen.
5 fM in den Ring häkeln. 1 Km in die 1. M der Rd. Faden ca. 25 cm lang abschneiden.
Das 2. Bäckchen ebenso häkeln.

## FERTIGSTELLEN

Die Haare leicht schräg am Kopf festnähen. Beidseitig die Zöpfe festnähen. Die Fühler auf den Haaren am Kopf festnähen. Die Arme am Körper festnähen. Den Umhang um den Hals legen und festnähen. Augen und Mund mit Stücken von geteiltem Faden in Schwarz und Signalrot aufsticken. Beidseitig die Bäckchen festnähen.

# Bella, die Biene

### SCHWIERIGKEIT 2

### GRÖSSE

ca. 8 cm

### MATERIAL

- Schachenmayr Catania (LL 125 m/50 g) in Signalrot (Fb 115), Schwarz (Fb 110), Rosé Gold (Fb 433), Pink (Fb 225), Fresie (Fb 251), Natur (Fb 105), Deep Amber (Fb 438), Sonne (Fb 208), Kaffee (Fb 162), und Marone (Fb 157), je 50 g oder Rest
- Häkelnadel 2,0 mm
- Füllwatte
- Wollnadel

### KOPF, KÖRPER UND FÜSSE

In Rosé Gold einen Magic-Ring anfertigen. Weiter in Spiralrd fM häkeln.
1. Rd: 6 fM in den Ring häkeln (= 6 M).
2. Rd: Jede fM verdoppeln (= 12 M).
3. Rd: Jede 2. fM verdoppeln (= 18 M).
4. Rd: 18 fM häkeln.
5. Rd: Jede 3. fM verdoppeln (= 24 M).
6.-10. Rd: Jeweils 24 fM häkeln.
11. Rd: Jede 3. und 4. fM zusammen abmaschen (= 18 M).
12. Rd: 18 fM häkeln.
13. Rd: Jede 2. und 3. fM zusammen abmaschen (= 12 M).
Die Figur fortlaufend mit Füllwatte ausstopfen.
14. Rd (Sonne): Jede 2. fM verdoppeln (= 18 M).
15. Rd: 18 fM häkeln.
16. Rd (Deep Amber): 18 fM häkeln.
17. Rd: Jede 3. fM verdoppeln (= 24 M).
18.+19. Rd (Sonne): Jeweils 24 fM häkeln.
20. Rd (Deep Amber): 24 fM häkeln.
21. Rd: Jede 4. fM verdoppeln (= 30 M).
22.-24. Rd (Sonne): Jeweils 30 fM häkeln.
25. Rd: Jede 4. und 5. fM zusammen abmaschen, dabei nur in die hinteren M-Glieder häkeln (= 24 M).
26. Rd: Jede 3. und 4. fM zusammen abmaschen (= 18 M).
27. Rd (Fresie): Jede 3. fM verdoppeln (= 24 M).
28. Rd: 24 fM häkeln.
29. Rd: Jede 3. und 4. fM zusammen abmaschen, dabei nur die hinteren M-Glieder häkeln (= 18 M).
30. Rd: Jede 2. und 3. fM zusammen abmaschen (= 12 M).
31. Rd: Immer 2 fM zusammen abmaschen (= 6 M).
1 Km in die 1. M der letzten Rd häkeln. Faden abschneiden, mit der Wollnadel durch alle 6 vorderen M-Glieder fädeln, zusammenziehen und vernähen.

### ARM (2x)

In Rosé Gold einen Magic-Ring anfertigen. Weiter in Spiralrd fM häkeln.
1. Rd: 6 fM in den Ring häkeln (= 6 M).
2. Rd: 6 fM häkeln.
3. Rd (Deep Amber): 6 fM häkeln.
1 Km in die 1. M der letzten Rd häkeln. Faden ca. 25 cm lang abschneiden.
Den 2. Arm ebenso häkeln.
Die Arme mit etwas Füllwatte ausstopfen.

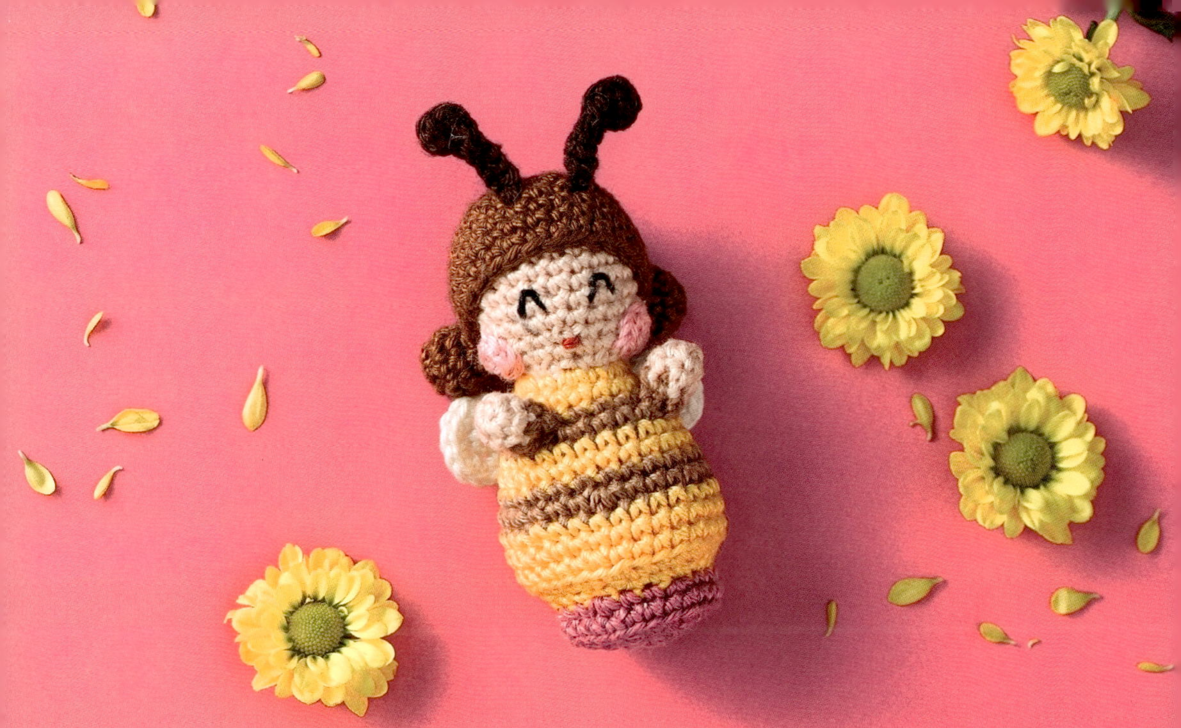

## HAARE

In Marone einen Magic-Ring anfertigen. Weiter in Spiralrd fM häkeln.
1. Rd: 6 fM in den Ring häkeln (= 6 M).
2. Rd: Jede fM verdoppeln (= 12 M).
3. Rd: Jede 2. fM verdoppeln (= 18 M).
4. Rd: 18 fM häkeln.
5. Rd: Jede 3. fM verdoppeln (= 24 M).
6. Rd: Jede 12. fM verdoppeln (= 26 M).
7.-10 Rd: Jeweils 26 fM häkeln.
1 Km in die 1. M der letzten Rd häkeln. Faden ca. 25 cm lang abschneiden.

## DUTT (2x)

In Marone einen Magic-Ring anfertigen. Weiter in Spiralrd fM häkeln.
1. Rd: 6 fM in Magic Ring häkeln (= 6 M).
2. Rd: Jede 2. fM verdoppeln (= 9 M).
3. Rd: 9 fM häkeln.
4. Rd: Jede 2. und 3. fM zusammen abmaschen (= 6 M).
1 Km in die 1. M der letzten Rd häkeln. Faden ca. 25 cm lang abschneiden und den Dutt mit etwas Füllwatte ausstopfen.
Den 2. Dutt ebenso häkeln.

## FÜHLER (2x)

In Kaffee 6 Lm anschl, ab der 2. Lm von der Nd aus 4 Km, [5 fM, 1 Km] in 1 M, die Rückseite der Lm-Kette mit 4 Km behäkeln.
Faden ca. 25 cm lang abschneiden.
Den 2. Fühler ebenso häeln.

## BÄCKCHEN (2x)

In Pink einen Magic-Ring anfertigen. 5 fM in den Ring häkeln. Mit 1 Km in die 1. M der Rd schließen. Faden ca. 25 cm lang abschneiden.
Das 2. Bäckchen ebenso häkeln.

## FLÜGEL (2x)

In Natur einen Magic-Ring anfertigen. Weiter in Spiralrd fM häkeln.
1. Rd: 6 fM in den Ring häkeln (= 6 M).
2. Rd: Jede fM verdoppeln (= 12 M).
Ab jetzt in Reihen weiterhäkeln:
3. R: 3 fM häkeln, 1 Wende-Lm (= 3 M).
4. Rd: 3 fM häkeln.
Faden ca. 25 cm lang abschneiden.
Den 2. Flügel ebenso häkeln.

## FERTIGSTELLEN

Die Haare leicht schräg am Kopf festnähen. Am Hinterkopf beidseitig die Dutts festnähen. Die Fühler am Kopf festnähen. Die Arme am Körper festnähen. Am Rücken beidseitig die Flügel festnähen. Mit je einem Stück geteilten Fadens in Schwarz und Signalrot Augen und Mund aufsticken. Beidseitig die Bäckchen festnähen.

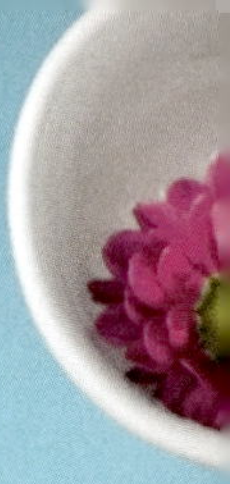

# Sophie, der Schmetterling

**SCHWIERIGKEIT 3**

**GRÖSSE**
ca. 8 cm

**MATERIAL**

- Schachenmayr Catania (LL 125 m/50 g) in Signalrot (Fb 115), Schwarz (Fb 110), Rosé Gold (Fb 433), Pink (Fb 225), Honig (Fb 206), Natur (Fb 105), Anthrazit (Fb 429), Fresie (Fb 251), Wolke (Fb 247), Violett (Fb 113) und Marone (Fb 157), je 50 g oder Rest
- Häkelnadel 2,0 mm
- Füllwatte
- Wollnadel

## KOPF, KÖRPER UND FÜSSE

In Rosé Gold einen Magic-Ring anfertigen. Weiter in Spiralrd fM häkeln.

1. Rd: 6 fM in den Ring häkeln (= 6 M).
2. Rd: Jede fM verdoppeln (= 12 M).
3. Rd: Jede 2. fM verdoppeln (= 18 M).
4. Rd: 18 fM häkeln.
5. Rd: Jede 3. fM verdoppeln (= 24 M).
6.–10. Rd: Jeweils 24 fM häkeln.
11. Rd: Jede 3. und 4. fM zusammen abmaschen (= 18 M).
12. Rd: 18 fM häkeln.
13. Rd: Jede 2. und 3. fM zusammen abmaschen (= 12 M).

Die Figur fortlaufend mit Füllwatte ausstopfen.

14. Rd (Natur): Jede 2. fM verdoppeln (= 18 M).
15.+16. Rd: Jeweils 18 fM häkeln.
17. Rd: Jede 3. fM verdoppeln (= 24 M).
18.–20. Rd: Jeweils 24 fM häkeln.
21. Rd: Jede 4. fM verdoppeln (= 30 M).
22.–24. Rd: Jeweils 30 fM häkeln.
25. Rd: Jede 4. und 5. fM zusammen abmaschen, dabei nur in die hinteren M-Glieder häkeln (= 24 M).
26. Rd: Jede 3. und 4. fM zusammen abmaschen (= 18 M).
27. Rd (Violett): Jede 3. fM verdoppeln (= 24 M).
28. Rd: 24 fM häkeln.
29. Rd: Jede 3. und 4. fM zusammen abmaschen, dabei nur die hinteren M-Glieder häkeln (= 18 M).
30. Rd: Jede 2. und 3. fM zusammen abmaschen (= 12 M).
31. Rd: Immer 2 fM zusammen abmaschen (= 6 M).

1 Km in die 1. M der letzten Rd häkeln. Faden abschneiden, mit der Wollnadel durch alle 6 vorderen M-Glieder fädeln, zusammenziehen und vernähen.

## ARM (2x)

In Rosé Gold einen Magic-Ring anfertigen. Weiter in Spiralrd fM häkeln.

1. Rd: 6 fM in den Ring häkeln (= 6 M).
2. Rd: 6 fM häkeln.
3. Rd (Natur): 6 fM häkeln.

1 Km in die 1. M der letzten Rd häkeln. Faden ca. 25 cm lang abschneiden.
Den 2. Arm ebenso häkeln.
Die Arme mit etwas Füllwatte ausstopfen.

## HAARE

In Honig einen Magic-Ring anfertigen. Weiter in Spiralrd fM häkeln.

1. Rd: 6 fM in den Ring häkeln (= 6 M).
2. Rd: Jede fM verdoppeln (= 12 M).
3. Rd: Jede 2. fM verdoppeln (= 18 M).
4. Rd: 18 fM häkeln.
5. Rd: Jede 3. fM verdoppeln (= 24 M).
6. Rd: Jede 12. fM verdoppeln (= 26 M).
7.–10. Rd: Jeweils 26 fM häkeln.

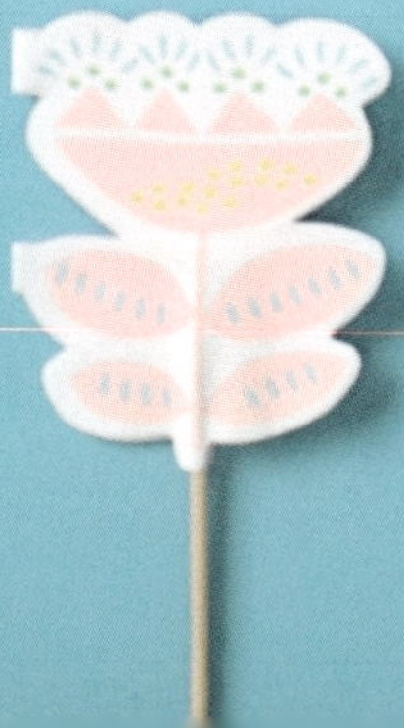

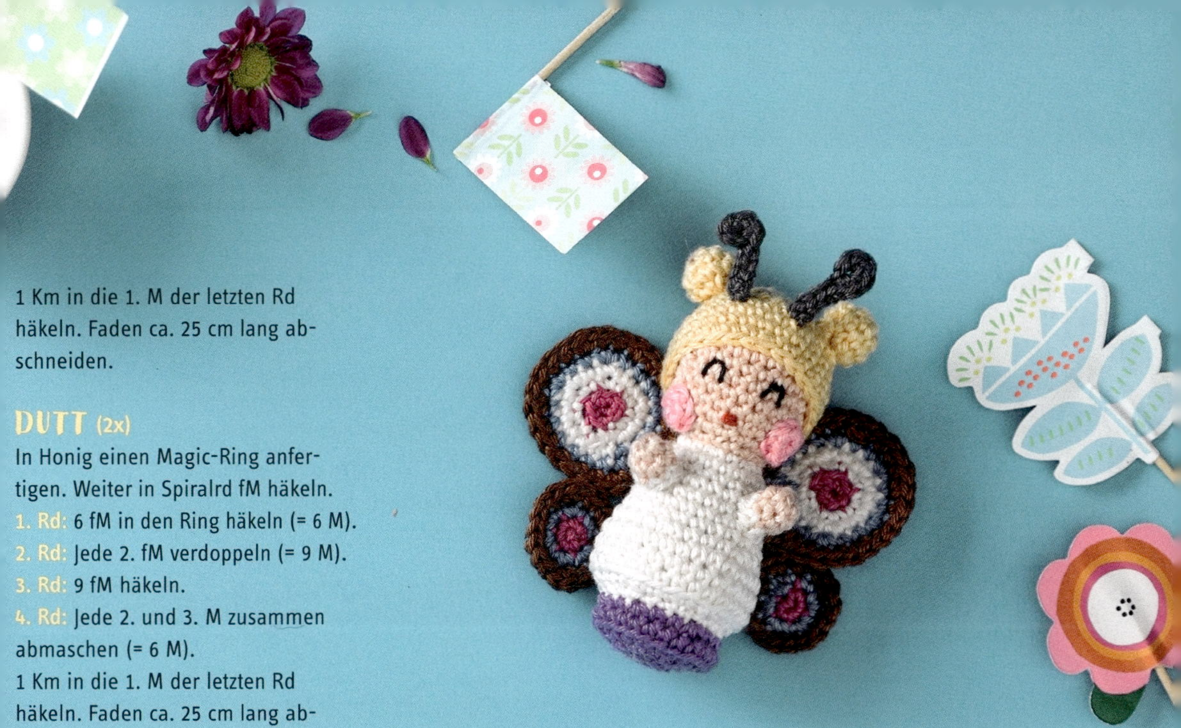

1 Km in die 1. M der letzten Rd häkeln. Faden ca. 25 cm lang abschneiden.

## DUTT (2x)

In Honig einen Magic-Ring anfertigen. Weiter in Spiralrd fM häkeln.
1. Rd: 6 fM in den Ring häkeln (= 6 M).
2. Rd: Jede 2. fM verdoppeln (= 9 M).
3. Rd: 9 fM häkeln.
4. Rd: Jede 2. und 3. M zusammen abmaschen (= 6 M).
1 Km in die 1. M der letzten Rd häkeln. Faden ca. 25 cm lang abschneiden und den Dutt mit etwas Füllwatte ausstopfen.
Den 2. Dutt ebenso häkeln.

## FÜHLER (2x)

In Anthrazit 6 Lm anschl, ab der 2. M von der Nd aus 4 Km, [5 fM, 1 Km] in 1 Lm, die Rückseite der Lm-Kette mit 4 Km behäkeln.
Faden ca. 25 cm lang abschneiden.
Den 2. Fühler ebenso häkeln.

## GROSSER FLÜGEL (2x)

In Fresie einen Magic-Ring anfertigen. Weiter in Spiralrd fM häkeln.
1. Rd: 6 fM in den Ring häkeln (= 6 M).
2. Rd (Natur): Jede fM verdoppeln, dabei In die hinteren M-Glieder häkeln (= 12 M).
3. Rd: Jede 2. fM verdoppeln (= 18 M).
4. Rd (Wolke): * 1 fM, 1 fM verdoppeln, 1 fM, ab * 5x wdh (= 24 M).
5. Rd (Marone): Jede 4. fM verdoppeln (= 30 M).
Jetzt in Reihen häkeln:
1. R: 4 fM, 1 Wende-Lm (= 4 M).
2. R: 4 fM häkeln.
Faden ca. 25 cm lang abschneiden.
Den 2. Flügel ebenso häkeln.

## KLEINER FLÜGEL (2x)

In Fresie einen Magic-Ring anfertigen. Weiter in Spiralrd fM häkeln.
1. Rd: 6 fM in den Ring häkeln (= 6 M).
2. Rd (Wolke): Jede fM verdoppeln (= 12 M).
3. Rd (Marone): Jede 2. fM verdoppeln (= 18 M).
Jetzt in Reihen häkeln:
1. R: 3 fM, 1 Wende-Lm (= 3 M).
2. R: 3 fM häkeln.
Faden ca. 25 cm lang abschneiden.
Den 2. Flügel ebenso häkeln.

## BÄCKCHEN (2x)

In Pink einen Magic-Ring anfertigen. 5 fM in den Ring häkeln. 1 Km in die 1. M der Rd. Faden ca. 25 cm lang abschneiden.
Das 2. Bäckchen ebenso häkeln.

## FERTIGSTELLEN

Die Haare leicht schräg am Kopf festnähen. Beidseitig die Dutts festnähen. Die Fühler am Kopf festnähen. Die Arme am Körper festnähen. Am Rücken beidseitig oben den großen und unten den kleinen Flügel festnähen. Mit einem Stück geteilten Fadens in Schwarz und Signalrot Augen und Mund aufsticken. Beidseitig die Bäckchen festnähen.

# Matti, der Maulwurf

**SCHWIERIGKEIT 3**

**GRÖSSE**

ca. 12 cm

**MATERIAL**

- Schachenmayr Catania (LL 125 m/50 g) in Anthrazit (Fb 429), Camel (Fb 179), Golfgrün (Fb 241), Schwarz (Fb 110), Aprikose (Fb 401), Weinrot (Fb 192) und Natur (Fb 105), je 50 g oder Rest
- Häkelnadel 2,0 mm
- Füllwatte
- Wollnadel

## KÖRPER

In Anthrazit einen Magic-Ring anfertigen. Weiter in Spiralrd fM häkeln.

**1. Rd:** 6 fM in den Ring häkeln (= 6 M).

**2. Rd:** Jede fM verdoppeln (= 12 M).

**3. Rd:** Jede 2. fM verdoppeln (= 18 M).

**4. Rd:** Jede 3. fM verdoppeln (= 24 M).

**5. Rd:** 24 fM häkeln.

**6. Rd:** Jede 4. fM verdoppeln (= 30 M).

**7.+8. Rd:** Jeweils 30 fM häkeln.

**9. Rd:** Jede 5. fM verdoppeln (= 36 M).

**10.-14. Rd:** Jeweils 36 fM häkeln.

**15. Rd:** Jede 5. und 6. fM zusammen abmaschen (= 30 M).

**16.-18. Rd:** Jeweils 30 fM häkeln.

**19. Rd:** Jede 4. und 5. fM zusammen abmaschen (= 24 M).

**20.-22. Rd:** Jeweils 24 fM häkeln.

**23. Rd:** Jede 3. und 4. fM zusammen abmaschen (= 18 M).

**24. Rd:** 18 fM häkeln.

1 Km in die 1. M der letzten Rd häkeln. Faden ca. 25 cm lang abschneiden. Körper mit Füllwatte ausstopfen.

## KOPF

In Aprikose einen Magic-Ring anfertigen. Weiter in Spiralrd fM häkeln.

**1. Rd:** 6 fM in den Ring häkeln (= 6 M).

**2. Rd:** Jede 2. fM verdoppeln (= 9 M).

**3. Rd:** 9 fM häkeln.

**4. Rd (Anthrazit):** Jede 3. fM verdoppeln (= 12 M).

**5. Rd:** Jede 2. fM verdoppeln (= 18 M).

**6.+7. Rd:** Jeweils 18 fM häkeln.

**8. Rd:** Jede 3. fM verdoppeln (= 24 M).

**9.-12. Rd:** Jeweils 24 fM häkeln.

**13. Rd:** Jede 3. und 4. fM zusammen abmaschen (= 18 M).

**14. Rd:** 18 fM häkeln.

**15. Rd:** Jede 2. und 3. fM zusammen abmaschen (= 12 M).

Den Kopf mit Füllwatte ausstopfen.

**16. Rd:** Immer 2 fM zusammen abmaschen (= 6 M).

1 Km in die 1. M der letzten Rd häkeln. Faden ca. 25 cm lang abschneiden, mit der Wollnadel durch alle 6 vorderen M-Glieder fädeln, zusammenziehen und vernähen. Den Kopf leicht zusammendrücken und mit einem Faden in Anthrazit mit ein paar Stichen durch den Kopf dort, wo später die Augen sein sollen, die Form fixieren.

## ARM (2x)

In Aprikose einen Magic-Ring anfertigen. Weiter in Spiralrd fM häkeln.

**1. Rd:** 6 fM in den Ring häkeln (= 6 M).

**2.+3. Rd:** Jeweils 6 fM häkeln.

**4. Rd (Anthrazit):** Jede 3. fM verdoppeln (= 8 M).

**5.-10. Rd:** Jeweils 8 fM häkeln.

Arm flach zusammendrücken und beginnend mit einer Steige-Lm mit 4 fM zusammenhäkeln. Faden ca. 25 cm lang abschneiden.

Den 2. Arm ebenso häkeln.

## BEIN (2x)

In Aprikose einen Magic-Ring anfertigen. Weiter in Spiralrd fM häkeln.
**1. Rd:** 6 fM in den Ring häkeln (= 6 M).
**2.-4. Rd:** Jeweils 6 fM häkeln.
**5. Rd (Anthrazit):** Jede 2. fM verdoppeln (= 9 M).
**6.-8. Rd:** Jeweils 9 fM häkeln.
**9. Rd:** Jede 3. fM verdoppeln (= 12 M).
**10. Rd:** 12 fM häkeln.
**11. Rd:** 4 fM, 2 hStb, in 1 M 2 Stb häkeln, 2 hStb, 2 fM, 1 Km (= 13 M).
Faden ca. 25 cm lang abschneiden.
Das 2. Bein ebenso häkeln.
Die Beine mit Füllwatte ausstopfen.

## SCHÜRZE

**1. R:** In Golfgrün 7 Lm anschl, ab der 2. Lm von der Nd aus 6 fM, 1 Wende-Lm (= 6 M).
**2.-5. R:** Jeweils 6 fM häkeln, 1 Wende-Lm.
**6. R:** Die 1. M verdoppeln, 4 fM, 1 M verdoppeln, 1 Wende-Lm (= 8 M).
**7.+8. R:** Jeweils 8 fM häkeln, 1 Wende-Lm.
**9. R:** Die 1. M verdoppeln, 6 fM, 1 M verdoppeln, 1 Wende-Lm (= 10 M).
**10.-15. R:** Jeweils 10 fM häkeln, 1 Wende-Lm.
Die Schürze mit fM umhäkeln, dabei in die Ecken 3 fM arb. Faden abschneiden und vernähen. Aus den beiden oberen Ecken 30 fest gehäkelte Lm und aus den beiden Seiten der 6. R 40 fest gehäkelte Lm häkeln. Fäden am Ende der Lm-Ketten verknoten und abschneiden.

## HUT

In Camel einen Magic-Ring anfertigen. Weiter in Spiralrd fM häkeln.
**1. Rd:** 6 fM in den Ring häkeln (= 6 M).
**2. Rd:** Jede fM verdoppeln (= 12 M).
**3. Rd:** Jede 2. fM verdoppeln (= 18 M).
**4. Rd:** Nur in die hinteren M-Glieder 18 fM häkeln.
**5. Rd:** 18 fM häkeln.
**6. Rd:** Beginnend mit 3 Lm in jede M 2 Stb häkeln, mit 1 Km in die oberste Ersatz-Lm schließen (= 36 M).
Faden abschneiden und vernähen.
Um den Hut ein 20 cm langes Stück Faden in Weinrot binden, verknoten und auf die gewünschte Länge abschneiden.

## FERTIGSTELLEN

Den Kopf leicht schräg am Körper festnähen. Arme und Beine am Körper festnähen, dabei darauf achten, dass bei den Beinen die Erhöhung der 11. Rd nach außen zeigt. Den Hut leicht schief am Kopf festnähen. Mit schwarzem Faden die Augen aufsticken. Durch die Schnauze 3 Stücke geteilten Faden in Natur ziehen und auf die gewünschte Länge kürzen. Die oberen Lm-Ketten der Schürze um den Hals, die unteren unterhalb der Arme um den Körper legen und auf der Rückseite verknoten.

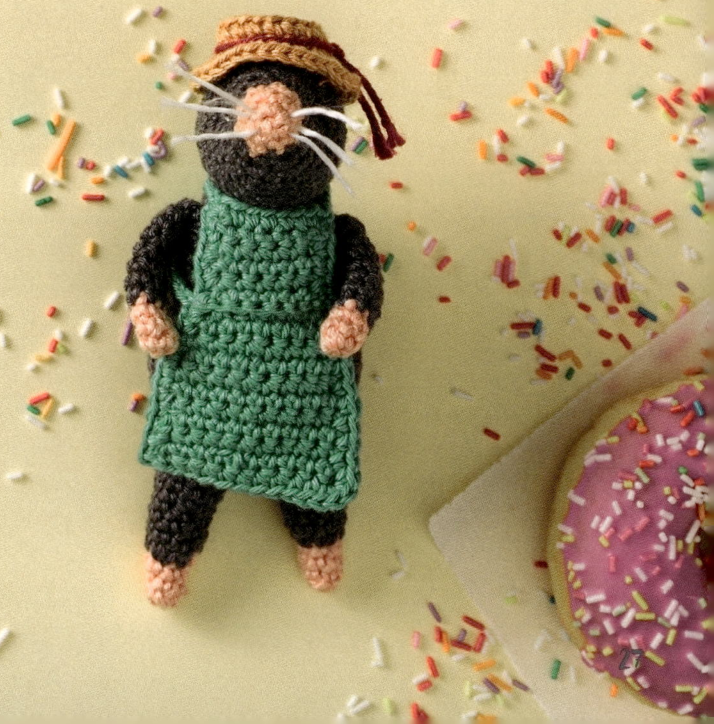

# Luise, das Lämmchen

**SCHWIERIGKEIT 3**

**GRÖSSE**

ca. 11 cm

**MATERIAL**

- Schachenmayr Catania (LL 125 m/50 g) in Lavendel (Fb 422), Schwarz (Fb 110), Signalrot (Fb 115), Orchidee (Fb 222), Tiffany (Fb 432), Deep Amber (Fb 438), Anthrazit (Fb 429) und Pink (Fb 225), je 50 g oder Rest
- Häkelnadel 2,0 mm
- Füllwatte
- Wollnadel

## KOPF UND KÖRPER

In Weiß einen Magic-Ring anfertigen. Weiter in Spiralrd fM häkeln.

**1. Rd:** 6 fM in den Ring häkeln (= 6 M).

**2. Rd:** Jede fM verdoppeln (= 12 M).

**3. Rd:** Jede 2. fM verdoppeln (= 18 M).

**4. Rd:** 18 fM häkeln.

**5. Rd:** Jede 3. fM verdoppeln (= 24 M).

**6.–11. Rd:** Jeweils 24 fM häkeln.

**12. Rd:** Jede 3. und 4 fM zusammen abmaschen (= 18 M).

**13. Rd:** Jede 2. und 3 fM zusammen abmaschen (= 12 M).

Die Figur fortlaufend mit Füllwatte ausstopfen.

**14. Rd (Tiffany):** Jede 2. fM verdoppeln (= 18 M).

**15. Rd:** 18 fM häkeln.

**16. Rd:** Jede 3. fM verdoppeln (= 24 M).

**17.–19. Rd:** Jeweils 24 fM häkeln.

**20. Rd:** Jede 4. fM verdoppeln (= 30 M).

**21-23. Rd:** Jeweils 30 fM häkeln.

**24. Rd (Lavendel):** In die hinteren M-Glieder 30 fM häkeln.

**25.+26. Rd:** Jeweils 30 fM häkeln.

**27. Rd:** Jede 4. und 5. fM zusammen abmaschen (= 24 M).

**28. Rd:** 24 fM häkeln.

**29. Rd:** Jede 3. und 4. fM zusammen abmaschen (= 18 M).

**30. Rd:** Jede 2. und 3. fM zusammen abmaschen (= 12 M).

**31. Rd:** Immer 2 fM zusammen abmaschen (= 6 M).

1 Km in die 1. M der letzten Rd häkeln. Faden ca. 25 cm lang abschneiden, mit der Wollnadel durch alle 6 vorderen M-Glieder fädeln, zusammenziehen und vernähen.

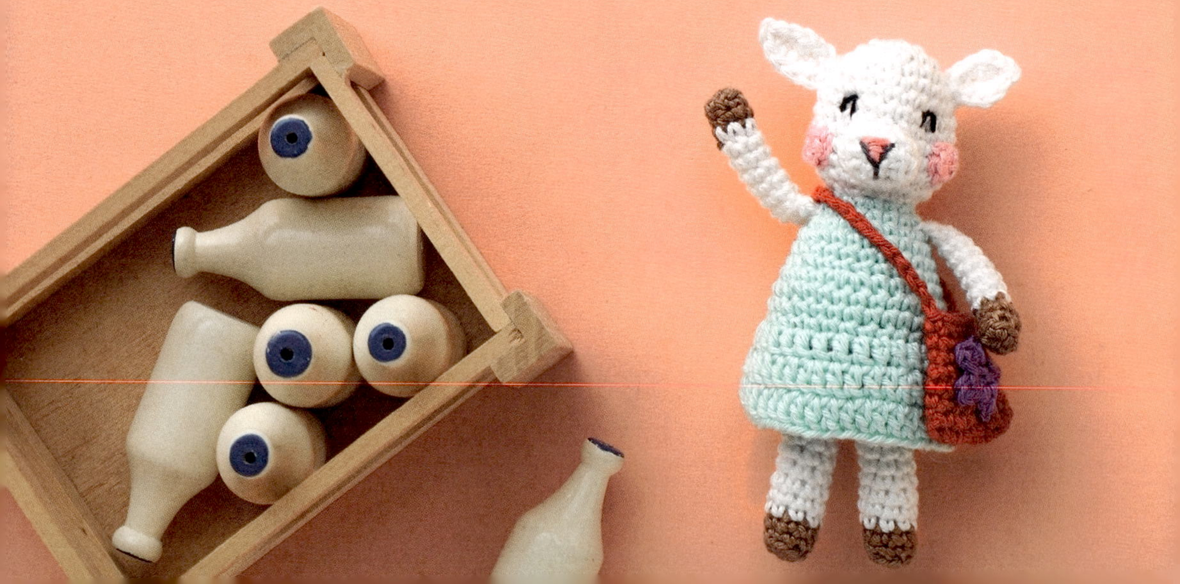

## ROCK

**1. Rd:** In Tiffany beginnend mit 3 Lm (= 1 Stb) in die vorderen M-Gliedern der 23. Rd 29 Stb häkeln, 1 Km in die 1. M der Rd (= 30 M).
**2. Rd:** Beginnend mit 3 Lm (= 1 Stb) Stb häkeln und jedes 5. Stb verdoppeln, 1 Km in die 1. M der Rd (= 36 M).
**3. Rd:** Beginnend mit 3 Lm (= 1 Stb) 35 Stb häkeln, 1 Km in die 1. M (= 36 M).
Faden abschneiden und vernähen.

## ARM (2x)

In Deep Amber einen Magic-Ring anfertigen. Weiter in Spiralrd fM häkeln.
**1. Rd:** 6 fM in den Ring häkeln (= 6 M).
**2. Rd:** In die hinteren M-Glieder 6 fM häkeln.
**3. Rd:** 6 fM häkeln.
**4. Rd (Weiß):** 6 fM häkeln.
**5.-10. Rd:** Jeweils 6 fM häkeln.
Den Anfang vom Arm mit etwas Füllwatte ausstopfen. Arm flach zusammendrücken und beginnend mit einer Steige-Lm den Arm mit 3 fM zusammenhäkeln. Faden ca. 25 cm lang abschneiden.
Den 2. Arm ebenso häkeln.

## BEIN (2x)

In Deep Amber einen Magic-Ring anfertigen. Weiter in Spiralrd fM häkeln.
**1. Rd:** 8 fM in den Ring häkeln (= 8 M).
**2. Rd:** In die hinteren M-Glieder 8 fM häkeln.
**3. Rd:** 8 fM häkeln.
**4. Rd (Weiß):** 8 fM häkeln.
**5.-10. Rd:** Jeweils 8 fM häkeln.
1 Km in die 1. M der letzten Rd häkeln. Faden ca. 25 cm lang abschneiden und das Bein mit Füllwatte ausstopfen.
Das 2. Bein ebenso häkeln.

## OHR (2x)

In Weiß 6 Lm anschl, ab der 2. Lm von der Nd aus 1 Km, 1 fM, 1 hStb, 1 fM, 3 fM in 1 Lm, die Rückseite der Lm-Kette behäkeln: 1 fM, 1 hStb, 1 fM, 1 Km.
Faden ca. 25 cm lang abschneiden.
Das 2. Ohr ebenso häkeln.

## SCHNAUZE

**1. Rd:** In Weiß 5 Lm anschl, ab der 2. Lm von der Nd aus 3 fM, 3 fM in 1 Lm, die Rückseite der Lm-Kette genauso behäkeln (= 12 M).
**2. Rd:** 12 fM häkeln.
1 Km in die 1. M der letzten Rd häkeln. Faden ca. 25 cm lang abschneiden. Mit einem geteilten Stück Faden in Anthrazit ein Y aufsticken und mit einem geteilten Stück Faden in Pink den oberen Teil mit ein paar Stichen ausfüllen. Die Schnauze mit Füllwatte ausstopfen.

## BÄCKCHEN (2x)

In Orchidee einen Magic-Ring anfertigen.
5 fM in den Ring häkeln. Mit 1 Km in die 1. M der Rd schließen. Faden ca. 25 cm lang abschneiden.
Das 2. Bäckchen ebenso häkeln.

## KLEINE TASCHE

**1. Rd:** In Signalrot 8 Lm anschl, ab der 2. Lm von der Nd aus in beide Seiten der Lm-Kette 7 fM häkeln (= 14 M).
**2.- 8. Rd:** Jeweils 14 fM häkeln.
Faden nicht abschneiden. 1 fM häkeln, 30 Lm häkeln, gegenüber in die Tasche einstechen, 1 Km häkeln, Faden abschneiden und vernähen.

## BLÜMCHEN

In Violett einen Magic-Ring anfertigen.
**1. Rd:** 5 fM in den Ring häkeln (= 5 M).
**2. Rd:** * [1 Km, 1 Lm, 1 Stb, 1 Lm, 1 Km] in 1 M, ab * 4x wdh.
Faden ca. 25 cm lang abschneiden und das Blümchen damit mittig auf der Tasche festnähen.

## FERTIGSTELLEN

Arme und Beine am Körper festnähen. Die Schnauze mittig im Gesicht festnähen. Den Kopf leicht zusammenpressen, sodass dort, wo später die Augen liegen, der Kopf etwas eingedrückt ist (7. Rd, mit 7 M Abstand) und mit ein paar Stichen durch den Kopf (mit weißem Faden) die Form fixieren. Beidseitig Bäckchen und Ohren am Kopf festnähen. Mit einem Stück geteilten Faden in Schwarz die Augen aufsticken.

# Hansi, der Hase

### SCHWIERIGKEIT 3

### GRÖSSE
ca. 11 cm

### MATERIAL
- Schachenmayr Catania (LL 125 m/50 g) in Schwarz (Fb 110), Orchidee (Fb 222), Denim (Fb 421), Fresie (Fb 251), Weiß (Fb 106), Sun-Kissed (Fb 437), Ivory (Fb 436), Monaco (Fb 420) und Pink (Fb 225), je 50 g oder Rest
- Häkelnadel 2,0 mm
- Füllwatte
- Wollnadel

### KOPF UND KÖRPER
In Sun-Kissed einen Magic-Ring anfertigen. Weiter in Spiralrd fM häkeln.

**1. Rd:** 6 fM in den Ring häkeln (= 6 M).

**2. Rd:** Jede fM verdoppeln (= 12 M).

**3. Rd:** Jede 2. fM verdoppeln (= 18 M).

**4. Rd:** 18 fM häkeln.

**5. Rd:** Jede 3. fM verdoppeln (= 24 M).

**6.–11. Rd:** Jeweils 24 fM häkeln.

**12. Rd:** Jede 3. und 4 fM zusammen abmaschen (= 18 M).

**13. Rd:** Jede 2. und 3 fM zusammen abmaschen (= 12 M).

Die Figur fortlaufend mit Füllwatte ausstopfen.

**14. Rd (Fresie):** Jede 2. fM verdoppeln (= 18 M).

**15. Rd:** 18 fM häkeln.

**16. Rd (Weiß):** Jede 3. fM verdoppeln (= 24 M).

**17. Rd:** 24 fM häkeln.

**18.+19. Rd (Fresie):** Jeweils 24 fM häkeln.

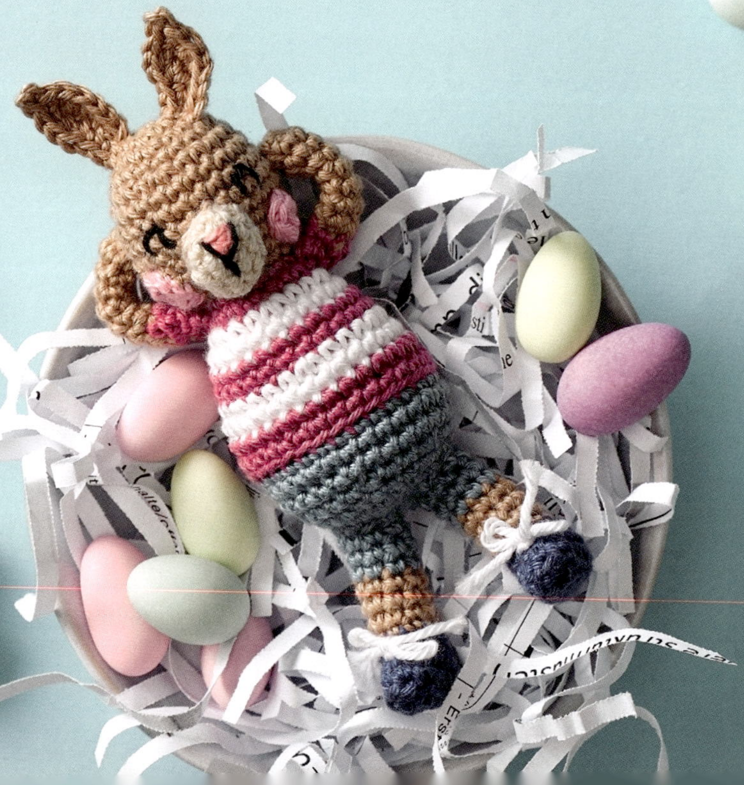

20. Rd (Weiß): Jede 4. fM verdoppeln (= 30 M).
21. Rd: 30 fM häkeln.
22.+23. Rd (Fresie): Jeweils 30 fM häkeln.
24. Rd (Denim): In die hinteren M-Glieder 30 fM häkeln.
25.+26. Rd: Jeweils 30 fM häkeln.
27. Rd: Jede 4. und 5. fM zusammen abmaschen (= 24 M).
28. Rd: 24 fM häkeln.
29. Rd: Jede 3. und 4. fM zusammen abmaschen (= 18 M).
30. Rd: Jede 2. und 3. fM zusammen abmaschen (= 12 M).
31. Rd: Immer 2 fM zusammen abmaschen (= 6 M).
1 Km in die 1. M der letzten Rd häkeln. Faden ca. 25 cm lang abschneiden, mit der Wollnadel durch alle 6 vorderen M-Glieder fädeln, zusammenziehen und vernähen.

## ARM (2x)

In Sun-Kissed einen Magic-Ring anfertigen. Weiter in Spiralrd fM häkeln.
1. Rd: 6 fM in den Ring häkeln (= 6 M).
2.-8. Rd: Jeweils 6 fM häkeln.
9. Rd (Fresie): 6 fM häkeln.
10. Rd: 6 fM häkeln.
Arm flach zusammendrücken und beginnend mit einer Steige-Lm den Arm mit 3 fM zusammenhäkeln. Faden ca. 25 cm lang abschneiden. Den 2. Arm ebenso häkeln.

## SCHUH UND BEIN (2x)

In Spiralrd fM häkeln.
1. Rd: In Monaco 5 Lm anschl, ab der 2. Lm von der Nd aus 3 fM, 3 fM in 1 Lm, die Rückseite der Lm-Kette genauso behäkeln (= 12 M).
2. Rd: In die hinteren M-Glieder 12 fM häkeln.
3. Rd: 3 fM, 3x 2 fM zusammen abmaschen, 3 fM (= 9 M).
4. Rd: 9 fM häkeln.
5. Rd (Sun-Kissed): In die hinteren M-Glieder 9 fM häkeln (= 9 M).
6.-8. Rd: Jeweils 9 fM häkeln.
9. Rd (Denim): 9 fM häkeln.
10.+11. Rd: Jeweils 9 fM häkeln.
1 Km in die 1. M der letzten Rd häkeln. Faden ca. 25 cm lang abschneiden. Schuh und Bein mit Füllwatte ausstopfen.
Den 2. Schuh und das 2. Bein ebenso häkeln.

## OHR (2x)

In Sun-Kissed 7 Lm anschl, ab der 2. Lm von der Nd aus 2 fM, 2 hStb, 1 fM, [1 Km, 2 Lm, 1 Km] in 1 Lm, die Rückseite der Lm-Kette behäkeln: 1 fM, 2 hStb, 2 fM.
Faden ca. 25 cm lang abschneiden. Das 2. Ohr ebenso häkeln.

## BÄCKCHEN (2x)

In Orchidee einen Magic-Ring anfertigen. 5 fM in den Ring häkeln. Mit 1 Km zur Rd schließen. Faden ca. 25 cm lang abschneiden.
Das 2. Bäckchen ebenso häkeln.

## SCHNAUZE

In Spiralrd fM häkeln.
1. Rd: In Ivory 5 Lm anschl, ab der 2. Lm von der Nd aus 3 fM, 3 fM in 1 Lm, die Rückseite der Lm-Kette genauso behäkeln (= 12 M).
2. Rd: 12 fM häkeln.
1 Km in die 1. M der letzten Rd häkeln. Faden ca. 25 cm lang abschneiden. Mit einem geteilten Stück Faden in Schwarz hochkant ein Y aufsticken und mit einem geteilten Stück Faden in Pink den oberen Teil mit ein paar Stichen ausfüllen. Die Schnauze mit Füllwatte ausstopfen.

## FERTIGSTELLEN

Arme und Beine am Körper festnähen. Am Kopf die Ohren und mittig die Schnauze festnähen (hochkant). Mit einem geteilten Stück Faden in Schwarz die Augen aufsticken. Die Bäckchen im Gesicht festnähen. An die Schuhe kleine Schleifen in Weiß knoten.

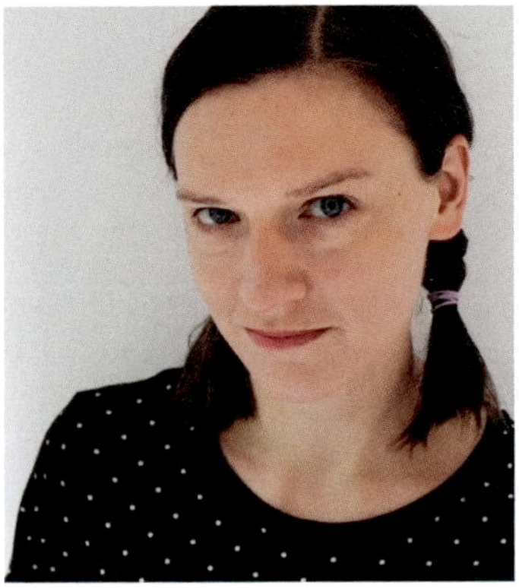

**Doerthe Eisterlehner** ist in Tübingen geboren und in der grünen Nähe von Hamburg aufgewachsen. Sie hat in Hamburg an der HAW Kinderbuchillustration studiert. Nach dem Studium ist sie nach Berlin gezogen, um dort als freischaffende Künstlerin zu arbeiten. Schon als Kind hat sie mit dem Häkeln begonnen, das auch immer ein Teil ihrer künstlerischen Arbeit war. Seit der Geburt ihrer Kinder sind ein großer Wollkorb und ein paar Häkelnadeln ihre ständigen Begleiter. Ihr allerliebster Platz zum Häkeln ist das rote Gartensofa unter einem wunderschönen Apfelbaum. Unter dem Namen frau_apfelkern zeigt sie bei Instagram Ausschnitte aus ihrem kunterbunten Häkelleben. Sie lebt mit ihrer Familie in Lübeck.


## DANKE!

Wir danken der Firma MEZ GmbH für die Unterstützung bei diesem Buch: www.schachenmayr.com


MIX
Papier | Fördert gute Waldnutzung
FSC® C118234

Penguin Random House Verlagsgruppe
FSC® N001967

## TOPP – Unsere Servicegarantie

WIR SIND FÜR SIE DA! Bei Fragen zu unserem umfangreichen Programm oder Anregungen freuen wir uns über Ihren Anruf oder Ihre Post. Loben Sie uns, aber scheuen Sie sich auch nicht, Ihre Kritik mitzuteilen – sie hilft uns, ständig besser zu werden.

Bei Fragen zu einzelnen Materialien oder Techniken wenden Sie sich bitte an unseren Kreativservice, Frau Erika Noll.

mail@kreativ-service.info
Telefon 07 11/12 37 57 20

Das Produktmanagement erreichen Sie unter:

pm@frechverlag.de
oder:
frechverlag
Produktmanagement
Dieselstraße 5
70839 Gerlingen
Telefon 07 11/8 30 86 68

LERNEN SIE UNS BESSER KENNEN! Fragen Sie Ihren Hobbyfach- oder Buchhändler nach unserem kostenlosen Magazin **Meine kreative Welt**. Darin entdecken Sie dreimal im Jahr die neuesten Kreativtrends und interessantesten Buchneuheiten.

Oder besuchen Sie uns im Internet! Unter **www.topp-kreativ.de** können Sie sich über unser umfangreiches Buchprogramm informieren, unsere Autoren kennenlernen sowie aktuelle Highlights und neue Kreativtechniken entdecken, kurz – die ganze Welt der Kreativität.

Kreativ immer up to date sind Sie mit unserem monatlichen **Newsletter**. Für aktuelle Infos, Gratis-Anleitungen und Gewinnspiele gleich anmelden unter **www.TOPP-kreativ.de/Newsletter**


## IMPRESSUM

FOTOS: frechverlag GmbH, 70839 Gerlingen; lichtpunkt, Michael Ruder, Stuttgart
PRODUKTMANAGEMENT: Mareike Upheber
LEKTORAT: Arnhild Tittes, Rheinfelden
GESTALTUNG: Petra Theilfarth
DRUCK: GPS Group GmbH





2. Auflage 2025





ISBN 978-3-7358-7113-8 • Best.-Nr. 27113